U0925966

王阳明全集

全译本

石玉 译著

六

天津出版传媒集团
天津古籍出版社

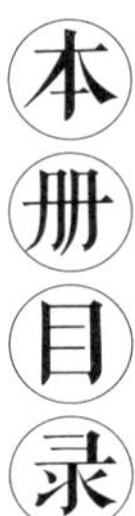

卷之十九　外集一

卷之二十　外集二

卷之十九　外集一

赋骚七首

太白楼赋

丙辰

岁丙辰之孟冬兮，泛扁舟予南征。凌济川之惊涛兮，览层构乎任城。曰太白之故居兮，俨高风之犹在。蔡侯导余以从陟兮，将放观乎四海。木萧萧而乱下兮，江浩浩而无穷。鲸敖敖而涌海兮，鹏翼翼而承风。月生辉于采石兮，日留景于岳峰。蔽长烟乎天姥兮，渺匡庐之云松。慨昔人之安在兮，吾将上下求索而不可。蹇予虽非白之俦兮，遇季真之知我。羌后人之视今兮，又乌知其不果？吁嗟太白公奚为其居此兮，余奚为其复来？倚穹霄以流盼兮，固千载之一哀。昔夏桀之颠覆兮，尹退乎莘之野。成汤之立贤兮，乃登庸而伐夏。谓鼎俎其要说兮，维党人之挤诟。曾圣哲之匡时兮，夫焉前枉而直后。当天宝之末代兮，淫好色以信谗。恶来妹喜其猖獗兮，众皆狐媚以贪婪。判独毅而不顾兮，爰命夫以仆妾之役。宁直死以颔兮，夫焉患得而局促。开元之绍基兮，亦遑遑其求理。生逢时以就列兮，固云台麟阁而容与。夫何漂泊于天之涯兮，登斯楼乎延伫。信流俗之嫉妒兮，自前世而固然。怀夫子之故都兮，沛余涕之湲湲。庙堂之偃蹇兮，或非情之所好。唯不合于斯世兮，恣沉酣而远眺。进吾不遇于武丁兮，退吾将颜氏之箪瓢。奚曲蘖其昏迷兮，亦夫子之所逃。管仲之辅纠兮，孔圣与其改行。佐璘而失节兮，始以见道之未明。睹夜郎之有作兮，横逸气以徘徊。亦初心之无他兮，故虽悔而弗摧。吁嗟其谁无过兮，抗直气之为难。轻万乘于褐夫兮，固孟轲之所叹。旷绝代而相感兮，望天宇之漫漫。去夫子其千祀兮，世益隘以周容。媒妇妾以驰骛兮，又从而为之吮痈。贤者化而改度兮，竞规曲以为同。卒曰：峄山青兮河流泻，风飕飕兮澹平野。凭高楼兮不见，舟楫纷兮楼之下。舟之人兮俨服，亦有庶几夫子之踪者。

译文

弘治丙辰的初冬，我乘舟南下征战，越过济川的惊涛，观任城高耸的城池。据说此处李太白的故居，高风犹在，蔡侯引导我徒步，将去观乎四海。树叶萧萧乱下，江水浩浩无穷，鲸呼号于海中，大鹏乘风展翼飞行，月华生于彩色的石头上，日光的影子留在山峰上，天姥山被浩荡长烟遮蔽，生在云间的松树缥缈。感叹昔日的人何在，我不能上下求索。我虽迟钝非李太白的俦类，遇到李真这样的人才能够了解我。后人看待我，又怎知我不能与他们为朋？哎呀李太白为何居住于此地？我为何来此地？在苍穹云间流盼顾视，真是千年的一大悲哀啊。当年夏桀荒淫无道、王朝颠覆，伊尹退居莘之野，成汤推举贤士，登上帝位攻伐夏朝。鼎俎是祭祀重器，结党之人排挤诟陷。圣哲匡救时病，罢黜奸邪。天宝末年，玄宗淫逸听信谗言，佞臣宠妃猖獗，众人小谄媚而贪婪。刚毅独立不理会之人，被派去从事仆人贱妾之事，困厄耿直而死，岂可以得失为患而狭隘。开元时玄宗继承大统，也曾惶恐求治道之理。太白生逢盛世就列臣位，云台麟阁高位容之。为何会天涯漂泊，登上太白楼而久立。相信流俗多妒忌，以前就如此。怀念太白于故地，我的泪水汹涌而下。朝堂之上骄慢，不是情之所好。只是不合于当世，恣意沉醉而远眺。我遇不到武丁这样的圣君进身，我将学颜回箪食瓢饮退隐。岂能因酒曲沉醉昏迷，这是太白的逃避之法。管仲扶助公子纠，是孔圣人嘉许的行为。太白辅佐李璘谋反失节，是由于见道不明。目睹太白发配夜郎有诗作，横逸之气正徘徊。这初心无改，虽有后悔而不被摧折。慨叹人谁无过，坚持正直为难。君为轻民为贵，是孟子所叹。超越时空相感，望见天宇广远无际。距李白已千年，世人越发狭隘善于迎合讨好。媒婆小妾横行，吸疮谄媚。圣贤教化改变法度，以让世人能够合于规矩。文末诗曰：峄山青青河流奔泻，风飕飕吹荡平野。高楼凭栏不见太白，舟船纷然从楼下驶过。船中之人衣着整齐，也有类似于李白之人。

九华山赋

壬戌

循长江而南下，指青阳以幽讨。启鸿蒙之神秀，发九华之天巧。非效灵于坤轴，孰构奇于玄造！涉五溪而径入，宿无相之窈窕。访王生于邃谷，掬金沙之清潦。凌风雨乎半霄，登望江而远眺。步千仞之苍壁，俯龙池于深窅。吊谪仙之遗迹，跻化城之缥缈。钦钵盂之朝露，见莲花之孤标。扣云门而望天柱，列仙舞于晴昊。俨双椒之辟门，真人驾阳云而独跷。翠盖平临乎石照，绮霞掩映乎天姥。二神升于翠微，九子邻于积稻。炎熇起于玉甑，烂石碑之文藻。叵澄秋于枕月，建少微之星旐。覆瓯承滴翠之余沥，展旗立云外之旌纛。下安禅而步逍遥，览双泉于松杪。逾西洪而憩黄石，悬百丈之灏灏。濑流舷而萦纡，遗石船于涧道，呼白鹤于云峰，钓嘉鱼于龙沼，倚透碧之峗屼，谢尘寰之纷扰。攀齐云之巉削，鉴琉璃之浩渺。沿东阳而西历，飧九节之蒲草。樵人导余以冥探，排碧云之瑶岛。群峦翳其缪蔼，失阴阳之昏晓。垂七布之沉沉，灵龟隐而复佻。履高僧而深招贤，开白日之杲杲。试明茗于春阳，汲垂云之渊湫，凌绣壁而据石屋，何文殊螺髻之蟠纠？梯拱辰而北眄，隳遗光于拾宝。缁裳迓于黄匏，休圆寂之幽俏。鸟呼春于丛篁，和《云》《韶》之鹭遭，唤起促余之晨兴，落星河于檐檫，护山嘎其惊飞，怪游人之太早。揽卉木之如濯，被晨辉而争姣。静搀声之剥啄，幽人斯参蕨于冥杳。碧鸡哕于青林，鹇翻云而失皓。隐捣药以樛萝，挟提壶饼焦而翔绕。凤凰承盂冠以相遗，饮沆瀣之仙醥，羞竹实以嬉翱，集梧枝之枭枭。岚欲雨而霏霏，鸣湿湿于羊葆，蹑三游而转青峭，拂天香于茫渺。席泓潭以濯缨，浮桃泻而扬缟。淙澌澌而落荫，饮猿猱之捷狡。睨斧柯而升大还，望会仙于云表。悯子京之故宅，款知微之碧桃。倏金光之闪映，睫累景于穹坳。弄玄珠于赤水，舞千尺之潜蛟。并花塘而峻极，散香林之回飙。抚浮屠之突兀，泛五钗之翠涛。袭珍芳于绝巘，袅金步之摇摇。莎罗踯躅芬敷而灿耀，幢玉女之妖娇。搴龙须于灵宝，堕钵囊之飘飘。开仙掌于软嵌，散青馨之迢迢。披白云而蹑崇寿，见参错之僧寮。日既夕而山冥，挂星辰于窿敖。宿南台之明月，虎夜啸而罴嗥。鹿麋群游于左右，若将侣幽人之岑寥。迥高寒其无寐，闻冰壑之洞箫。溪女厉晴泷而曝术，杂精苓之春苗。邀予觞以玉液，饭玉粒之琼瑶，溘辞予而远去，飒霞裾之飘飘。复中峰而怅望，或仙踪之可招。乃下见阳陵之蜿蜒，忽有感于子明之宿要。逝予将遗世而独立，采石芝于层霄。虽长处于穷僻，乃永离乎蹙嚣。彼苍黎之缉缉，固吾生之同胞，苟颠连之能济，吾岂靳于一毛！矧狂胡之越獗，王师局而奔劳。吾宁不欲请长缨于阙下，快平生之郁陶？顾力微而任重，惧覆败于或遭，又出位以图远，将无诮于鷦鹩。嗟有生之迫隘，等灭没于风泡，亦富贵其奚为？犹荣蕣之一朝。旷百世而兴感，蔽雄杰于蓬蒿。吾诚不能同草木而腐朽，又何避乎群喙之呶呶！已矣乎！吾其鞭风霆而骑日月，被九霞之翠袍。抟鹏翼于北溟，钓三山之巨鳌。道昆仑而息驾，听王母之云璈。呼浮丘于子晋，招句曲之三茅。长遨游于碧落，共太虚而逍遥。乱曰：蓬壶之藐藐兮，列仙之所逃兮，九华之矫矫兮，吾将于此巢兮。匪尘心之足搅兮，念鞠育之劬劳兮。苟初心之可绍兮，永矢弗挠兮！

译文

沿着长江南下，想到青阳探寻幽景。开启鸿蒙的神采秀丽，发掘九华山的天工之巧。不是因地轴的灵气，谁能有这玄妙的造化！跨过五溪径直入山，住在精妙的无相寺，到深谷中拜访王生，在清水中淘清金沙。在半空中冒着风雨，登山见大江而远眺，爬上千仞高的黑色岩壁，俯身见幽暗之地的龙池，凭吊仙人的行踪遗迹，登上缥缈的化城。饮钵盂中的晨露，见到莲花峰孤高的山巅。扣响云门遥望天柱，列位仙人在晴空中起舞。威严隐于双椒树间的大门前，是真人驾着太阳云彩、独自漫步之处。翠色的天盖靠近石壁，绮丽的霞光掩映于天姥山中，二位神人升入一片翠色中，九子与积稻相邻，炎火从玉瓶中升起，石碑上辞藻灿烂。澄明的秋色中我躺在月光下，望见漫天微小的星辰。倒下的瓯器接着滴滴翠色的余沥，旗帜飘展立于云外的各类大旗中，安心习禅步履逍遥，透过松树的末梢欣赏双泉。越过西洪憩于黄石，悬崖百丈水流浩大，流觞从石上急流而过萦绕弯曲，石船遗留在涧道中。在云峰中呼唤白鹤，在龙沼中垂钓好鱼，倚靠着透亮碧绿的山崖，谢绝世间的纷扰。攀登齐云高的悬崖峭壁，照见琉璃般的浩荡天空。沿山东北向西游历，食用九节菖蒲。樵夫引导我去探幽，排击碧云到达瑶池岛上，群山掩映于茂密的树林中，不知阴阳昏晓。垂下沉沉的七布，神龟隐藏复又重现，拜访高僧招来贤人，如见白日光彩明亮。在春日阳光里品尝茗茶，在云朵映照的深潭泛舟，登上秀丽的崖壁倚靠石屋山，这是文殊菩萨的螺髻如蟠龙般缠绕吗？登上接通星辰的梯子向北望，光华隐没于拾宝峰。着黑衣迎接身穿黄袍的僧人，他在幽静俊俏的山中行圆寂之道。鸟儿在竹林中呼唤春天，和着《云》《韶》乐声我与鸥鹭相遇，它们呼唤催促我早起兴作，星河正降落于屋檐。护山之人大声呼喝，鸟儿惊飞，他责怪游人起得太早。摘取如同洗过一般美好的花卉草木，它们披着晨光斗艳。宁静中传来鸟儿剥啄之声，幽人在深处中采摘人参蕨菜。碧绿羽毛的鸡在青林中鸣叫，鹇鸟在云间翻腾背上的白羽隐没不见。纠结盘绕的萝蔓间藏着捣药的仙人，携提壶焦饼飞翔萦绕。长着巨大头冠的凤凰降落，饮用夜间水汽所化的仙液，吃竹子所结出的果实，嬉闹高翔，轻盈的栖集于梧桐枝上。山雨欲来云雾弥漫，茂密的树木草丛也湿漉漉。在青山岩峭间辗转游览，在渺茫中拂动漫天云气，席地坐在深潭旁，濯洗帽子的长带，桃枝浮来缟衣飘扬。流水澌澌作响，树荫落在水上，像猿猱般轻捷狡猾。看着斧柄而死去，期望死后与仙人在云端相会。来到道士子京的故宅，知微仙人殷勤以碧桃招待，倏而金光闪耀，天穹中的景色令人目不暇接。在赤水中抚弄玄珠，千尺长的蛟龙舞动，游览开满花的池塘和峻峭的峰顶，回风飘散于香林之中，抚摸浮屠塔的突兀处，在五钗湖的翠绿涛水中泛游。采摘绝顶上的珍贵花朵，踏着摇摇的金步袅袅前行。莎罗踯躅这些奇花的芬芳飘散，玉女妖娆多端身影浮动。在灵宝殿中折取龙须，扔下盛放钵盂的袋子，任它飘飞。仙人的手掌张开，青色的馨香远远飘散。身披白云越过崇寿山，见到参差分布的僧舍。夕阳西下山色冥冥，星辰挂于天穹之上，在南台明月下入睡，夜里虎啸熊嗥，麋鹿成群游于身侧，好像要与我这寂寥的幽人为伴。在高山之上寒冷无法入眠，听闻冰壑间响起了箫声。溪女穿过清流施展法术，带着黄精茯苓等仙草的幼苗，邀请我喝玉液之酒，食琼瑶之饭，忽而她与我告辞向西远去，霞光织成的裙摆轻盈飘荡，回到山中怅然望去，或许还能看到仙人的踪迹，向下看到蜿蜒的阳陵，忽然想起仙人子明往日的邀请。我将独立离世，在层层云霄中采摘石芝，长居住于穷困偏僻之处，永远远离尘世喧嚣，天下熙熙攘攘的黎民都是我的同胞，假使穷尽一己之力能有所救济，我又怎会舍不得自己这点微末才能？贼人猖獗疯狂，王师局促奔劳。我难道不想在朝堂上请授长缨去战斗，以快慰平生所愿吗？只是顾念我力量微小受此责任，惟恐倾覆失败，我又出任官位去作长远打算，哪能不被鴟鸮所讥诮。嗟叹我有生之年短暂，将会如风中的泡沫一般灭亡，求富贵是为了什么？不过是一朝的荣耀，跨越百世兴发感想，英雄豪杰最终都被蓬蒿掩埋，我不能和草木一起腐朽，如何避开众人的议论喧嚷？算了吧，我将御风雷骑日月，披上彩霞织成的锦袍，与大鹏乘风而起飞向北冥，去垂钓三山的巨龟，取道昆仑山停下车驾，听王母在云中奏响的仙乐，唤来浮丘公与王子乔，招来句曲山的茅君三兄弟，在碧霞落处遨游，一同在天空中逍遥自在。乱曰：蓬莱山缥缈遥远，是列位仙人避世之处，九华山巍峨高耸，我将在此安居。不是还有尘世之心被搅乱，而是顾念父母养育我的辛劳，若还能继续保持初心，我永远不再被干扰。

吊屈平赋

丙寅

正德丙寅，某以罪谪贵阳，取道沅、湘。感屈原之事，为文而吊之。其词曰：山黯惨兮江夜波，风飕飕兮木落森柯。泛中流兮焉泊？湛椒醑兮吊湘累。云冥冥兮月星蔽晦，冰崚赠兮霰又下。累之宫兮安在？怅无见兮愁予。高岸兮嵚崎，纷纠错兮樛枝。下深渊兮不恻，穴澒洞兮蛟螭。山岑兮无极，空谷谽谺兮迴寥寂。猿啾啾兮吟雨，熊黑嗥兮虎交迹。念累之穷兮焉托处？四山无人兮豺狐鼠：魑魅游兮群跳啸，瞰出人兮为累奸宄。嫉累正直兮反诋为殃，昵比上官兮子兰为臧臧。幽丛薄兮畴侣，怀故都兮增伤。望九疑兮参差，就重华兮陈辞。沮积雪兮涧道绝，洞庭渺邈兮天路迷。要彭咸兮江潭，召申屠兮使骖。娥鼓瑟兮冯夷舞，聊遨游兮湘之浦。乘回波兮泊兰渚，眷故都兮独延伫。君不还兮郢为墟，心壹郁兮欲谁语！郢为墟兮函崤亦焚，谗鬼逋戮兮快不酬冤。历千载兮耿忠幅，君可复兮排帝阍。望遁迹兮渭阳，箕罹囚兮其佯以狂。艰贞兮晦明，怀若人兮将予退藏。宗国沦兮摧腑肝，忠愤激兮中道难。勉低回兮不忍，溘自沉兮心所安。雄之溲兮谗喙，众狂稚兮谓累扬己。为魈为魅兮为谗媵妾，累视若鼠兮佞颡有泚。累忽举兮云中，龙旂腌霭兮飘风。横四海兮倏忽，驷玉虬兮上冲。降望兮大壑，山川萧条兮济寥廓。逝远去兮无穷，怀故都兮蜷局。乱曰：日西夕兮沅湘流，楚山嵯峨兮无冬秋。累不见兮涕泗，世愈隘兮孰知我忧！

译文

正德丙寅，我因为获罪被贬到贵阳，取道沅水、湘水，有感于屈原事迹，撰文来凭吊他。词为：山色黯黑惨淡，夜里江上起了风波，风声飕飕木叶纷纷落下。泛舟于江中何处停泊？以清酒来凭吊屈原的亡灵。云色晦暗月亮星星都隐藏，山崚冰封雪粒飘散，屈原的居所在哪里？怅然不见令我忧愁。水岸高耸山崖崎岖，树枝交错纠结，垂落到水渊中深不可见，蛟螭在混沌虚空中为穴，山高耸无极，谷中空旷迴远又寂寥，猿猴在雨中鸣叫，熊呼啸老虎的踪迹交错。感念屈原何处托身，山中四面无人狐狸老鼠都感惊骇，魑魅游荡，成群地跳跃呼叫，见屈原被犯法作乱之人连累，这些人嫉妒屈原正直反去诋毁他，令他遭殃，与上官、子兰等人结党亲昵都是不善之人。屈原独自幽游没有伴侣，怀念故都多增忧伤，他望见九嶷山参差错落，向重华陈辞说明志向，积雪堆积水路阻绝，洞庭湖渺茫悠远，通天之路迷乱。他在江潭中邀请彭咸，令申屠为之驾车，嫦娥鼓瑟，冯夷起舞，姑且在湘江边遨游。乘着回旋的波涛在兰渚上停泊，眷念故都独自伫立。屈原不能返回，郢都成为废墟，心中郁结想要与谁言说？郢都成为废墟，函崤关也被焚毁，进谗言小人逃窜被戮，可报偿屈子的冤屈。经历千年忠心昭著，您可回归推开天门。在渭水之阳望见古人隐藏的踪迹，箕子曾遭受囚役之苦佯装发狂。无论明暗之时屈原都坚贞不悔，想到那些小人他也曾想隐退藏身。但宗庙国家沦丧摧折肺腑，忠心激愤道路艰难，徘徊低吟心中不忍，只能自沉江中求得心安，讲谗言之人的嘴真是大，众人发狂都说屈原是为了显耀自己，这些人是山魈是鬼魅是满口谗言的媵妾，屈原将他们视为鼠类，奸佞的额头汗流不止。屈原忽然升入云中，车上的龙旗隐入雾霭，随风飘荡。倏忽间横渡四海，驾着四龙之车冲上云霄，降落下来回望深谷，山川萧条，水流深远，将要远远逝去，前路无穷无尽，怀念故都挂念时局。乱曰：夕阳西下，沅水湘水流淌，楚地山川巍峨不辨秋冬，不见屈原踪迹我涕泗横流，世人狭隘谁知我忧愁！

思归轩赋

庚辰

阳明子之官于虔也，廨之后乔木蔚然。退食而望，若处深麓而游于其乡之园也。构轩其下，而名之曰“思归”焉。门人相谓曰：“归乎！夫子之役役于兵革，而没没于徽纆也，而靡寒暑焉，而靡昏朝焉，而发萧萧焉，而色焦焦焉。虽其心之固嚣嚣也，而不免于呶呶焉，哓哓焉，亦奚为乎！槁中竭外，而徒以劳劳焉为乎哉？且长谷之迢迢也，穷林之寥寥也，而耕焉，而樵焉，亦焉往而弗宜矣。夫退身以全节，大知也，敛德以亨道，大时也，怡神养性以游于造物，大熙也，又夫子之夙期也。而今日之归，又奚以思为乎哉？"则又相谓曰："夫子之思归也，其亦在陈之怀欤？吾党之小子，其狂且简，伥伥然若瞽之无与偕也，非吾夫子之归，孰从而裁之乎？"则又相谓曰："嗟呼，夫子而得其归也，斯土之人为失其归矣乎！天下之大也，而皆若是焉，其谁与为理乎？虽然，夫子而得其归也，而后得于道。惟夫天下之不得于道也，故若是其贸贸。夫道得而志全，志全而化理，化理而人安。则夫斯人之徒，亦未始为不得其归也。而今日之归又奚疑乎？而奚以思为乎？"阳明子闻之，怃然而叹曰："吾思乎！吾思乎！吾亲老矣，而暇以他为乎？虽然，之言也，其始也，吾私焉，其次也，吾资焉，又其次也，吾几焉。"乃援琴而歌之。歌曰："归兮归兮，又奚疑兮！吾行日非兮，吾亲日衰兮。胡不然兮，日思予旋兮，后悔可迁兮？归兮归兮，二三子之言兮！"

译文

我在虔地做官，在衙署后面的乔木蔚然成林，闲暇时眺望，仿佛处在深山中游于家乡田园，我在下面建造小屋，命名为思归轩。门人相互说："回去吧！先生为战事劳碌，摆脱不了纠缠，没有春夏秋冬，没有白昼黑夜，头发稀疏，脸色憔悴，先生心中固然无欲自得，但免不了被众人议论喧扰，这是图什么呢？身心枯槁，而整日辛劳是为了什么？而那山谷深长，林子茂盛，可耕作可打柴，去往其中何处不合宜？退身保全名节，是大智，收敛才能去发扬道义，是知道把握时机，修身养性在造化间遨游，是大为光智，这也是先生的夙愿。而今日给亭子名为思归，又是思什么呢？"相互又说道："先生所命名的思归，是在抒发他的情怀吗？我们这些学生，志向远大而行为粗疏，茫然无措仿佛目盲之人没有同行者辅助，没有老师归来教导，谁能加以节制？"还有人说："唉呀！老师能如愿归去，这片土地上的人（没有老师教诲）就失去他们的归宿了！天下之大，都像这样，谁来捍卫真理呢？即使是这样，先生能归去，可以得到道义真谛。天下人都领会不到道义，所以才这样昏聩。了解道义就能志向健全，志向健全才可以理解天理，理解天理人才可以安定，如果能做到这样，那些人也不算没有归宿了。那么老师今天之归又有何可迟疑呢？又是为了什么思虑呢？”阳明子听后，怅然叹息：“我思索，思索啊！我的父母已年老，我哪还有空闲想其他？话虽这样说，取这个名字开始也是出于私心，其次是我出资修造的，再次是寄托我个人隐微之意。”于是弹琴歌唱，歌唱道：“归去啊归去，有什么可怀疑，我的行为不对，我的亲人已衰老，为何不归去？每天思虑返回，日后悔恨还能改过来吗，回去吧回去，如几个小子所言。”

咎言

丙寅

正德丙寅冬十一月，守仁以罪下锦衣狱。省愆内讼，时有所述。既出，而录之。

译文

正德元年十一月，我因为犯罪下锦衣狱，在牢中自我反省，有所感触，出狱后将这些内容录写下来。

何玄夜之漫漫兮，悄予怀之独结。严霜下而增寒兮，皦明月之在隙。风呶呶以憎木兮，鸟惊呼而未息。魂营营以惝恍兮，目窅窅其焉极！懔寒飙之中人兮，杳不知其所自。夜展转而九起兮，沾予襟之如泗。胡定省之弗遑兮，岂荼甘之如荠？怀前哲之耿光兮，耻周容以为比。何天高之冥冥兮，孰察予之衷？予匪戚于累囚兮，牿匪予之为恫。沛洪波之浩浩兮，造云阪之蒙蒙，税予驾其安止兮，终予去此其焉从？孰瘿瘰之在颈兮，谓累足之何伤？熏目而弗顾兮，惟盲者以为常。孔训之服膺兮，恶讦以为直。辞婉娈期巷遇兮，岂予言之未力？皇天之无私兮，鉴予情之靡他！宁保身之弗知兮，膺斧锧之谓何。蒙出位之为愆兮，信愚忠而蹈亟。苟圣明之有裨兮，虽九死其焉恤！乱曰：予年将中，岁月遒兮！深谷崆峒，逝息游兮，飘然凌风，八极周兮。孰乐之同，不均忧兮。匪修名崇仁之求兮，出处时从天命何忧兮！

译文

漫漫黑夜，我的心中悄然郁结，严霜落下增添寒意，从缝隙中望见皎皎明月，风在呼啸摧折树木，鸟儿惊呼没有停息，我心魂不安恍惚茫然，目之所及遥远无端，严寒狂风中的人，不知是从何处而来。夜中辗转反侧九次醒来，涕泪沾湿衣襟，如何反省才能不再惊惶，吃茶也能感到甘甜如荠，怀抱前代哲人的光辉，因做不到周而不比而羞愧。天何等高深，谁能察知我的心怀？我不是因为困在牢里而悲戚，我并不惧怕被桎梏。水流宏大浩荡，去造访云间崎岖的小路，我的车驾将要停在哪里，最终有谁跟从于我？是什么疮病郁结在颈上，这样的负累有何危害？眼睛昏聩不得看顾，对目盲已经习以为常。我服膺于孔夫子的训导，厌恶那些攻讦别人短处还自认为坦率之人。言辞委婉巷子间相遇，难道我的言语不够有力。皇天无私明鉴我没有其他杂念，宁愿保全我这不智之身，是为何会受到刑罚？是由于越过职分做了错事，只知愚忠犯下过失。但只要对朝廷的圣明有所补益，虽死九次又有什么值得体恤呢？乱曰：我将至中年，岁月逼人，在深谷仙山中遨游消逝，飘飘然凌风而行，周游八极。谁与我同乐？人的忧愁各不相同，若不是为了追求美名仁义，出于世外安处天命将有何忧虑？

守俭弟归曰仁歌楚声为别予亦和之

庭有竹兮青青，上乔木兮鸟嘤嘤，妹之来兮，弟与偕行。竹青青兮雨风，鸟嘤嘤兮西东！弟之归兮，兄谁与同？江云暗兮暑雨，江波渺渺兮愁予，弟别兄兮须臾，兄思弟兮何处？景翳翳兮桑榆，念重闱兮离居，路修远兮崎险，沮风波兮江湖。山有洞兮洞有云，深林窅窅兮涧道曛。松落落兮葛累累，猿啾啾兮鹤怨群。山之人兮不归，山鬼昼啸兮下上烟霏。风袅袅兮桂花落，草萋萋兮春日迟。茸予屋兮云间，荒予圃兮溪之阳，驱虎豹兮无践我藿，扰麋鹿兮无骇我场。解予绶兮钟阜，委予佩兮江湄。往者不可追兮，叹凤德之日衰，将沮溺其耦耕兮，孰接舆之避予。回予驾兮扶桑，鼓予枻兮沧浪。终携汝兮空谷，采三秀兮徜徉。

译文

庭院中长着青竹，鸟儿飞到乔木上嘤鸣，弟弟与妹妹一同到来。竹子青青冒雨经风，鸟儿嘤鸣东西飞行。弟弟要回去了，谁和我同处呢？江上有乌云飘来暑雨，波涛渺茫令人忧愁，我思虑弟弟到了何处？桑树榆树树阴翳暗，离开亲友独自深居，路途遥远崎岖，又被江上风波阻隔。山中有个山洞，洞中有云，深林昏沉溪涧间的道路幽暗，松树高大葛草累累，猿猴啾啾啼叫，仙鹤群飞。山中之人不归去，山鬼白昼呼啸，山中烟雾上下飘荡。风袅袅吹起，桂花落下，芳草萋萋，春天迟来。在云间修筑我的屋子，在水北面开辟一块田圃，驱逐虎豹使不践踏我的豆苗，赶走麋鹿使不破坏我的田圃，在钟阜山解除我的绶带，在江滨丢掉我的佩饰，往日不能追回，楚狂接舆曾叹息德行衰微，我将要专心务农，楚狂接舆应该不会像避开孔夫子那样躲避我吧？我回驾去往太阳升起的汤谷，在沧浪中划桨前行，最后携你在空谷中前行，采摘芝草自在徘徊。

祈雨辞

正德丙子南赣作

呜呼！十日不雨兮，田且无禾，一月不雨兮，川且无波，一月不雨兮，民已为疴：再月不雨兮，民将奈何？小民无罪兮，天无咎民！抚巡失职兮，罪在予臣。呜呼！盗贼兮为民大屯，天或罪此兮赫威降嗔：民则何罪兮，玉石俱焚？呜呼！民则何罪兮，天何遽怒？油然兴云兮，雨兹下土。彼罪遏逋兮，哀此穷苦！

译文

呜呼！十天不下雨，田间将没有禾苗，一月不下雨，河川中将没有水波，一月不下雨，百姓将会染病，两月不下雨，百姓能如何？小民没有罪过，上天不要怪罪于他们，是巡抚有失职，罪责在臣子。呜呼！盗贼成为民间大患，上苍或许是对此有所怪罪故降下灾祸显示天威，百姓有什么罪过，为何要好坏都怪罪、玉石俱焚？呜呼！百姓有什么罪过，天为何要对他们发怒？祈求云气兴起，雨水滋润下土。老天责难何处可逃，悲哀百姓所遭的穷苦。

归越诗三十五首

弘治壬戌年以刑部主事告病归越并楚游作

游牛峰寺四首

牛峰今改名浮峰

洞门春霭蔽深松，飞磴缠空转石峰。猛虎踞如出柙，断螭蟠顶讶悬钟。金城绛阙应无处，翠壁丹书尚有踪。天下名区皆一到，此山殊不厌来重。

译文

洞门春天的云气遮蔽了深处的松树，高耸的石阶缠向空中在石峰间回转。猛虎盘踞在山崖如同从囚笼中放出，山顶如被斩断的螭龙盘踞，如倒悬的大钟景色令人惊讶。坚固的金城绛红的宫殿无处寻找，翠绿的石壁用赤色的题字尚有踪迹。天下的名胜都应一看，这座山真不烦再重游。

萦纡鸟道入云松，下数湖南百二峰。岩犬吠人时出树，山僧迎客自鸣钟。凌飙陟险真扶病，异日探奇是旧踪。欲扣灵关问丹诀，春风萝薜隔重重。

译文

鸟道萦回伸入云松，下面是湖南一百二十来座山峰。山中的狗不时从树丛中出来朝人吠叫，山僧迎接客人自己敲响寺钟，凌驾狂跋涉探险是扶病强撑，他日所探访的奇观已是旧日足迹。想扣仙家的门扉询问炼丹的秘谈，春风吹拂萝藤、相隔隔着重重。

偶寻春寺入层峰，曾到浑疑是梦中。飞鸟去边悬栈道，冯夷宿处有幽宫。溪云晚度千岩雨，海月凉飘万里风。夜拥苍厓卧丹洞，山中亦自有王公。

译文

春日偶然间进入层层峰峦中寻访寺庙，怀疑曾在梦中到过此地。飞鸟飞往山崖边，栈道悬空，冯夷住宿的地方有幽深的宫殿，晚间溪边云雾升腾，大雨落在千岩间，海上升起明月凉风飘荡。夜里拥着苍色的山崖在丹洞中睡着。这山中也自然有仙人吧。

一卧禅房隔岁心，五峰烟月听猿吟。飞湍映树悬苍玉，香粉吹香落细金。翠壁年多霜藓合，石床春尽雨花深。胜游过眼具陈迹，珍重新题满竹林。

译文

在禅房里安睡就隔离了俗世之心，在五峰的青烟月色中听猿猴吟叫。水流湍急倒映着树木，仿佛倒悬的苍玉。香粉被吹落如细碎的黄金。翠绿的石壁上有多年生的霜花与苔藓，石头上春色已尽大雨深重。游览过的名胜都成陈遗，珍重新景在竹林间题满了字句。

又四绝句

翠壁看无厌，山池坐益清。深林落轻叶，不道是秋声。

译文

翠绿的石壁百看不厌，坐在山池边，愈发清爽。深林中叶子轻轻落下，不信那是秋天的声音。

怪石有千窟，老松多半枝。清风洒岩洞，是我再来时。

译文

怪石上有千个窟窿，老松树多有半个枝条。清风吹入岩洞，是我再来之时。

人间酷暑避不得，清风都在深山中。池边一坐即三日，忽见岩头碧树红。

译文

人间的酷暑避不开，清风都在深山里。在池旁一坐就是三天，忽然看到岩石上碧树开出红花。

两到浮峰兴转剧，醉眠三日不知还。眼前风景色色异，惟有人声似世间。

译文

两次到浮峰兴致更浓厚，喝醉睡了三天不知返回。眼前的风景各不同，只有听到人声时感觉在人间。

姑苏吴氏海天楼次邝尹韵

晴雪吹寒春事浓，江楼三月尚残冬。青山暗逐回廊转，碧海真成捷径通。风暖檐牙双燕剧，云深帘幕万花重。倚阑天北疑回首，想像丹梯下六龙。

译文

晴日里落雪把寒气吹开，春意渐浓。三月的江楼上还有残冬气息。昏暗中青山相逐回廊婉转，碧海成了可通达的捷径。暖风吹屋檐双燕嬉戏，云层深深帘幕外开满了万重花朵，倚在栏杆上望向北方迟疑回首，仿佛见到六条龙从红色天梯上下来。

山中立秋日偶书

风吹蝉声乱，林卧惊新秋。山池静澄碧，暑气亦已收。青峰出白云，突兀成琼楼。袒裼坐溪石，对之心悠悠。倏忽无定态，变化不可求。浩然发长啸，忽起双白鸥。

译文

风吹过，蝉声嘹乱，在林中卧眠惊觉已是新秋，山中池水安静澄澈，暑气已渐收。白云从青峰上升起，形态突兀如同琼楼。脱去外衣坐在溪石上，对着此景心总悠然。白云一刻没有固定姿态，变化之妙不可得知，浩然地发出长啸，忽见两只白鸥飞起。

夜雨山翁家偶书

山空秋夜静，月明松桧凉。沿溪步月色，溪影摇空苍。山翁隔水语，酒熟呼我尝。褰衣涉溪去，笑引开竹房。谦言值暮夜，盘餐百无将。露华明橘柚，摘献冰盘香。洗盏对酬酢，浩歌入苍茫。醉拂岩石卧，言归遂相忘。

译文

山中空荡荡，秋夜静谧，月光明亮松树桧树下很凉爽。沿小溪在月色下散步，小溪倒映着天空的影子。山翁隔着水讲话，说酒已烧好，唤我去品尝。提起衣服淌过溪水，老翁笑着打开竹房，谦虚地说正值夜深，没什么好吃的。橘子柚子上带着露珠的光泽，摘下来放于冰盘中清香扑鼻，清洗杯子相对饮酒，高昂的歌声散入苍茫夜色中。醉后拂扫净岩石卧倒，于是忘了曾说过要回去。

寻春

十里湖光放小舟，漫寻春事及西畴。江鸥意到忽飞去，野老情深只自留。日暮草香含雨气，九峰晴色散溪流。吾侪是处皆行乐，何必兰亭说旧游？

译文

在十里湖面上放小舟，任意寻找春色来到西边田地。江鸥意识到有人忽而飞走，山中老人情意深自相挽留。黄昏时草香含着雨水气息，九峰的晴朗景色散入溪水中。我辈在此处就可行乐，何必非要在兰亭说起旧日的游踪呢？

西湖醉中谩书二首

十年尘海劳魂梦，此日重来眼倍清。好景恨无苏老笔，乞归徒有贺公情。白凫飞处青林晚，翠壁明边返照晴。烂醉湖云宿湖寺，不知山月堕江城。

译文

梦见十年间在尘海中浮沉，今天重新到西湖眼前倍感清爽，遗憾没有苏东坡的老练笔触来描绘好景色，辞官回乡徒有贺知章的情致。晚上白凫飞过青林，翠壁明亮像被晴日照亮一般。烂醉于湖边云雾中，夜宿在湖边寺庙，不知道何时山月亮坠落入江城。

掩映红妆莫谩猜，隔林知是藕花开。共君醉卧不须到，自有香风拂面来。

译文

红妆掩映不要随意猜测，隔着树林知道是荷花盛开。与君醉卧不须亲自到花旁，自有香风拂面而来。

九华山下柯秀才家

苍峰抱层嶂，翠瀑绕双溪。下有幽人宅，萝深客到迷。

译文

苍色的山峰环抱着层层山峦，翠绿的瀑布绕过双溪。山下有幽人的宅院，藤萝深深，客人到此就迷路。

夜宿无相寺

春宵卧无相，月照五溪花。掬水洗双眼，披云看九华。岩头金佛国，树杪谪仙家。仿佛闻笙鹤，青天落绛霞。

译文

春夜躺在无相寺，明月照耀五溪的花朵。捧着溪水清洗双眼，披着云雾看向九华山。山岩上是金佛之国，树梢处有谪仙。仿佛听到笙鹤的声音，青天里落下赤红的云霞。

题四老围棋图

世外烟霞亦许时，至今风致后人思。却怀刘项当年事，不及山中一着棋。

译文

向往世外烟霞多时，后人思念隐居的风致，想起刘邦、项羽当年事，不如在山中下盘棋。

无相寺三首

老僧岩下屋，绕屋皆松竹。朝闻春鸟啼，夜伴岩虎宿。

译文

老僧在山岩下有房屋，绕屋都是松竹。早晨春鸟的啼鸣，夜中伴着山中的老虎入眠。

坐望九华碧，浮云生晓寒。山灵应秘惜，不许俗人看。

译文

坐下望见九华山的碧色，浮云生起早晨寒冷。山间的神灵应是神秘幽隐，不许俗人观看。

静夜闻林雨，山灵似欲留。只愁梯石滑，不得到峰头。

译文

安静的夜中听到林间雨声，山间的神灵好似在挽留，只发愁石梯太滑，到不了山峰的顶上。

化城寺六首

化城高住万山深，楼阁凭空上界侵。天外清秋度明月，人间微雨结浮阴。钵龙降处云生座，岩虎归时风满林。最爱山僧能好事，夜堂灯火伴孤吟。

译文

化城寺建在万山深处，楼阁凭空而起侵向上界。天外清爽的秋色越过明月，人间下了细雨结出轻微的凉气。钵中之龙降落之处生出云气，山中的老虎回归时风满树林。最喜欢山里僧人好心肠，夜里堂上的灯火伴我独自低吟。

云里轩窗半上钩，望中千里见江流。高林日出三更晓，幽谷风多六月秋。仙骨自怜何日化，尘缘翻觉此生浮。夜深忽起蓬莱兴，飞上青天十二楼。

译文

云间的房舍窗帘半卷，望见千里外江水奔流。太阳在高高的树林间升起，三更天拂晓，深谷多风六月已有秋意。自己怜惜身有仙骨何日能化仙？夜深忽生起蓬莱仙人的兴致，飞上青天中的十二楼。

云端鼓角落星斗，松顶袈裟散雨花。一百六峰开碧汉，八十四梯踏紫霞。山空仙骨葬金椁，春暖石芝抽玉芽。独挥谈麈拂烟雾，一笑天地真无涯。

译文

云端传来鼓角之声，星斗落下。松树顶似僧人的袈裟飘开，散来雨花。一百零六峰高耸入河汉，八十四级梯子踏入紫霞间。山中空灵有仙骨葬以金色棺椁，春日温暖石灵抽出玉色的嫩芽。独自清谈挥动拂尘扫开烟雾，一笑天地真是无涯际。

化城天上寺，石磴八星躔。云外开丹井，峰头耕石田。月明猿听偈，风静鹤参禅。今日揩双眼，幽怀二十年。

译文

化城寺近天，石阶伸向星辰。云彩外是丹井，在峰顶耕种石田。月色明亮，猿猴听唱经，风声安静，仙鹤参禅。今日擦双眼，幽幽怀念过往二十年。

僧屋烟霏外，山深绝世哗。茶分龙井水，饭带石田砂。香细云岚杂，窗高峰影遮。林栖无一事，终日弄丹霞。

译文

僧人屋建在烟霏之外，山深与世上的喧哗隔绝。泡茶取的是龙井水，饭中带着石田的砂。香味细微，云彩与雾气混杂，窗户被高高的山峰影子遮蔽。栖息在林没事可做，终日玩赏丹霞。

突兀开穹阁，氤氲散晓钟。饭遗黄稻粒，花发五钗松。金骨藏灵塔，神光照远峰。微茫竟何是？老衲话遗踪。

译文

突兀的高阁敞开，早晨的钟声散在氤氲的烟云中。吃饭剩下黄色稻粒，五钗松开出花朵。灵塔里藏着金骨，神光照耀着远处的山峰。这微茫之中是什么？老僧讲起遗留的踪迹。

李白祠二首

千古人豪去，空山尚有祠。竹深荒旧径，藓合失残碑。云雨罗文藻，溪泉系梦思。老僧殊未解，犹自索题诗。

译文

千古豪杰已离去，这空山上还有祠堂。竹林幽深荒芜了旧日小路，苔藓长满残破的石碑。云雨兴发辞采，溪泉萦系梦中情思。老和尚还未领会文意，我只自己题诗。

谪仙栖隐地，千载尚高风。云散九峰雨，岩飞百丈虹。寺僧传旧事，词客吊遗踪。回首苍茫外，青山感慨中。

译文

谪仙李白栖息隐居之地，千载之下尚有高雅风致。乌云散开，九峰上落下雨水，岩石上百丈长的彩虹飞架。寺中僧人传说旧日之事，词人凭吊李白遗留的踪迹。回首望向苍茫云雾之外，在这青山中发出感慨。

双峰

凌崖望双峰，苍茫竟何在？载拜西北风，为我扫浮霭。

译文

登上山崖上望向双峰，一片苍茫云雾中它们究竟在何方？伏拜西北风，感谢它扫去浮动的雾霭。

莲花峰

夜静凉飙发，轻云散碧空。玉钩挂新月，露出青芙蓉。

译文

夜静凉风吹起来，轻薄的云彩散落在碧空中。新月如玉钩般挂在空中，月色中青色芙蓉峰显现。

列仙峰

灵峭九万丈，参差生晓寒。仙人招我去，挥手青云端。

译文

灵秀的山峰高达九万丈，参差错落在早晨生出寒意。仙人招呼我，在云端向我挥手。

云门峰

云门出孤月，秋色坐苍涛。夜久群籁绝，独照宫锦袍。

译文

孤月从云门峰上升起，在这秋色中，我坐在苍翠的林涛中。夜深山间万籁俱寂，只有月光照着一身锦袍。

芙蓉阁二首

青山意不尽，还向月中看。明日归城市，风尘又马鞍。

译文

游览青山意犹未尽，再看向天上的月亮。明天要返回城市，又要经历风尘骑马奔波了。

岩下云万重，洞口桃千树。终岁无人来，惟许山僧住。

译文

山下有万重白云，洞口有千株桃树。一年到头无人来，只许山中的僧人居住在此。

书梅竹小画

寒倚春霄苍玉杖，九华峰顶独归来。柯家草亭深云里，却有梅花傍竹开。

译文

在春天的寒夜里倚着苍玉杖，从九华峰顶独自归来。柯家草亭建在云深处，却有梅花依傍着竹子开放。

山东诗六首

弘治甲子年起复主试山东时作

登泰山五首

晓登泰山道，行行入烟霏。阳光散岩壑，秋容淡相辉。云梯挂青壁，仰见蛛丝微。长风吹海色，飘飘送天衣。峰顶动笙乐，青童两相依。振衣将往从，凌云忽高飞。挥手若相待，丹霞闪余晖。凡躯无健羽，怅望未能归。

译文

早晨登泰山，山路延伸入云烟。阳光散布在山谷沟壑中，秋日的光影淡淡地互相辉映。云梯挂在青色石壁上，仰头看到细微的蛛丝长风吹动大海的景色，飘然送来仙人的衣裳。在峰顶奏响笙乐，仙童两相依偎。整理衣服将要前往仙境，凌驾云上忽而高高飞起。挥着手仿佛在等待仙人，丹霞还闪耀着余辉，肉体凡胎没有强健的羽翼，怅然遥望，不能与仙人一同归去。

二

天门何崔嵬，下见青云浮。泱漭绝人世，迥豁高天秋。暝色从地起，夜宿天上楼。天鸡鸣半夜，日出东海头。隐约蓬壶树，缥缈扶桑洲。浩歌落青冥，遗响入沧流。唐虞变楚汉，灭没如风沤。藐矣鹤山仙，秦皇岂堪求？金砂费日月，颓颜竟难留。吾意在庞古，冷然驭凉飔。相期广成子，太虚显遨游。枯槁向岩谷，黄绮不足俦。

译文

天门何等巍峨高大，其下有青云飘浮。辽阔无边与人世隔绝，秋高气爽，山谷幽深。夜色从地上生起，夜里宿在天上的楼阁。天鸡在半夜鸣叫，太阳从东海那头升起。隐约望见蓬莱岛树，扶桑州缥缈可见。浩大的歌声从青色天空落下，遗留的声响散入沧海、河流之中。唐尧虞舜时代变成了楚汉时代，消失地如同风中的泡沫。鹤山上的仙人邈远，秦皇哪能求到呢？炼丹药耗费日月，容颜老去难以驻留。我意在远古，泠泠然乘驭凉风。与广成子约定，在虚空中遨游。将要脱离躯体飞向岩谷，商山四皓中之夏黄公、绮里季也不足以与我为伴。

三

穷厓不可极，飞步凌烟虹。危泉泻石道，空影垂云松。千峰互攒簇，掩映青芙蓉。高台倚巉削，倾侧临崆峒。失足堕烟雾，碎骨颠厓中。下愚竟难晓，摧折纷相从。吾方坐日观，披云笑天风。赤水问轩后，苍梧叫重瞳。隐隐落天语，阊阖开玲珑。去去勿复道，浊世将焉穷！

译文

山崖走不到尽头，飞起来跨越云烟彩虹，泉水从高峻的山峰落下，冲击着石道，云间松树的影子映照下来，千座山峰相互攒挤。青色的芙蓉峰掩映其中。高台建在峭壁上，倾斜着面向仙山崆峒。一旦失足落于烟雾中，在山崖中会摔得粉身碎骨。愚昧之人难知晓，纷纷相跟随而来。我正坐着看日出，身披着云彩对天风发笑。赤水绕到房后，在苍梧山呼唤帝舜。隐隐传来天语，天门打开见到玲珑仙境，我将入仙道不需再说，为何要在浊世间穷处！

四

尘网苦羁縻，富贵真露草！不如骑白鹿，东游入蓬岛。朝登太山望，洪涛隔缥缈。阳辉出海云，来作天门晓。遥见碧霞君，翩翩起员峤。玉女紫鸾笙，双吹入晴昊。举首望不及，下拜风浩浩。掷我《玉虚篇》，读之殊未了，傍有长眉翁，一一能指道。从此炼金砂，人间迹如扫。

译文

苦于被尘网牵绊，富贵不过如草上露水一样。不如骑着白鹿。向东方进入蓬莱岛。早上登上泰山远望。洪涛与这缥缈之境隔绝。太阳的光辉从大海上的云间照出，正是天门处刚拂晓。遥遥看见碧霞神君，在员峤仙山上翩翩起舞。玉女吹奏紫色绘有鸾鸟的笙，双双吹着笙进入晴空。举头看也望不及，往下拜天风浩荡。投给我《玉虚篇》，读后颇不明白，一旁有长眉老翁，一一能向我说清。从此炼金丹，人世的踪迹如被扫去一般抛弃了。

五

我才不救时，匡扶志空大。置我有无间，缓急非所赖。孤坐万峰颠，嗒然遗下块。已矣复何求？至精凉斯在。淡泊非虚杳，洒脱无蒂芥。世人闻予言，不笑即吁怪．吾亦不强语，惟复笑相待。鲁叟不可作，比意聊自快。

译文

我的才能不可挽救时代，想匡扶天下只有空大的志向。我可有可无，缓急之事都不能依赖我。独自坐在万峰山巅，懊丧失意频频叹气。都这样了还追求什么？要追求那一直存在的至精境界。志向淡泊不是空说，为人洒脱心无芥蒂，世人听到我的话，不是嘲笑就是大惊小怪，我也不想强作解释，不作鲁地的老翁，抱着这种感觉聊以自乐。

泰山高次王内翰司献韵

欧生诚楚人，但识庐山高。庐山之高犹可计寻丈，若夫泰山，仰视恍惚，吾不知其尚在青天之下乎？其已直出青天上？我欲仿拟试作《泰山高》，但恐培之见，未能测识高大，笔底难具状。扶舆磅礴兀气钟，突兀半遮天地东。南衡北恒西泰华，俯视伛偻谁争雄？人寰茫昧乍隐见，雷雨初解开鸿蒙。绣壁丹梯，烟霏霭。海日初涌，照耀苍翠。平麓远抱沧海湾，日观正与扶桑对。听涛声之下泻，知百川之东会。天门石扇，豁然中开。幽崖邃谷，襞积隐埋。中有遁世之流，龟潜雌伏，餐霞吸秀于其间，往往怪谲多仙才。上有百丈之飞湍，悬空络石穿云而直下，其源疑自青天来。岩头肤寸出烟雾，须臾滂沱遍九垓。古来登封，七十二主。后来相效，纷纷如雨。玉检金函无不为，只今埋没知何许？但见白云犹复起，封中断碑无字，天外日月磨。刚风飞尘过眼倏，超忽飘荡，岂复有遗踪。天空翠华远，落日辞千峰。鲁郊获麟，岐阳会凤。明堂既毁，閟宫兴颂。宣尼曳杖，逍遥一去不复来。幽泉呜咽而含悲，群峦拱揖如相送。俯仰宇宙，千载相望，堕山乔岳，尚被其光，峻极配天，无敢颉颃。嗟予瞻眺门墙外，何能仿佛窥室堂？也来攀附摄遗迹，三千之下，不知亦许再拜占末行。吁嗟乎！泰山之高，其高不可极。半壁回首，此身不觉已在东斗傍。

译文

欧生真是楚人，只知道庐山高大，庐山的高度还可以用丈来衡量，若是泰山，仰视令人恍惚，我不知它是否还在青天下，还是已经直出于青天之上了？我准备仿作《泰山高》又担心限于见识，不能估量泰山的高大，笔下很难充分描写出泰山景象。扶着车架，在磅礴的云气里前行，泰山兀立遮蔽了天的东方。泰山俯视着南岳衡山北岳恒山西岳华山，谁敢与它争雄？人世渺茫时隐时现，雷雨初下开天辟地。苍郁的石壁，红色的石梯，烟雾霏霏，太阳刚从海上升起，照耀着满山苍翠，平麓峰环抱沧海湾，日观峰上种着扶桑树。听涛声向下宣泄，知道河流向东汇合。天门石扇，豁然从中打开，崖壁幽暗，山谷深邃，峰峦叠嶂隐藏其中，山中有避世的流水，灵龟潜伏，餐风饮露于其间。怪异诡谲多有仙人。上面有百丈长的湍急飞瀑，悬在空中，流过石上穿过云雾直落下来，我怀疑它的源头来自青天，岩石表面生出烟雾，须臾间滂沱大雨洒向中央至八极之地。古时登泰山封禅的，有七十二位君主，后世仿效，多如落雨。用来装天书的玉检、金函都要去做，不知现在埋没在何处。只看到白云又升起，封禅遗存的断碑上没有文字，是被天外的日月所磨灭。大风眨眼间飞过，超然飘忽，哪还有什么踪迹？天宇空旷翠色深远，太阳要落在千峰之下了，在鲁国郊外获麟，在岐阳遇到了楚狂接舆感叹凤鸟不至，明堂已经毁坏了，在周人的旧庙唱起《鲁颂·閟宫》，孔子曳杖将要死去，逍遥离开一去不还，幽泉呜咽含悲，群山拱手作揖仿佛送别。夫子之德俯仰宇宙，千年相望，高低山岳都披其光辉，德行高洁可堪配于上天，无人能与之抗衡，我在夫子门墙外瞻仰眺望，如何才能隐约窥见他的堂室？我也来追随孔夫子的遗迹，他在三千弟子之下，不知道他是否允许我也拜入门墙占据末位。唉！泰山之高大，不可企及，在半山回首，已不知不觉走到了东天星斗旁。

京师诗八首

弘治乙丑年改除兵部主事时作

忆龙泉山

我爱龙泉寺，寺僧颇疏野。尽日坐井栏，有时卧松下。一夕别山云，三年走车马。愧杀岩下泉，朝夕自清泻。

译文

我喜爱龙泉寺，寺里僧人颇为随意质朴。整天坐在井栏旁，有时候躺在松树下。一日告别龙泉山，三年来走马奔波。愧对岩下的泉水，清流早晚独自流泻。

忆诸弟

久别龙山云，时梦龙山雨。觉来枕簟凉，诸弟在何许？终年走风尘，何似山中住。百岁如转蓬，拂衣从此去。

译文

离开龙山很久了，经常梦到龙山的云雨。一觉醒来枕席凉，诸位弟弟在何方？终年奔波操劳，怎么能比得上在山中。百年如转蓬漂泊，拂动衣袖从此离去。

寄舅

老舅近何如？心性老不改。世故恼情怀，光阴不相待。借问同辈中，乡邻几人在。从今且为乐，旧事无劳悔。

译文

老舅近日如何？心性到老还没有变化。世故让人烦恼，光阴不等人。试着询问同辈中人，还有几位乡邻活着。从今往后姑且做一些快乐的事情，不要去悔恨旧日之事了。

送人东归

五泄佳山水，平生思一游。送子东归省，莼鲈况复秋。幽探须及壮，世事苦悠悠。来岁春风里，长安忆故丘。

译文

五泄有好山好水，平生想着前去一游。送你向东归去省亲，又到了吃莼菜鲈鱼的秋天，探险访幽要趁壮年，世事令人劳苦。来年春风里，在长安怀想故乡的丘园。

寄西湖友

予有西湖梦，西湖亦梦予。三年成阔别，近事竟何如？况有诸贤在，他时终卜庐。但恐吾归日，君还轩冕拘。

译文

我有去往西湖的梦，西湖也让我梦到，阔别三年，您近来情形如何？何况有诸位贤士在，他日我要在这里寻找庐舍。但恐怕到我归去的日子，先生就要被官禄爵位拘束了。

赠阳伯

阳伯即伯阳，伯阳竟安在？大道即人心，万古未尝改。长生在求仁，金丹非外待。缪矣三十年，于今吾始悔。

译文

阳伯就是伯阳，伯阳究竟在哪里？大道就是人心，万古未曾改变过。要想求得长生之道在于求仁，结成金丹不是等待从外获得。三十年多错误，到今日我才开始后悔。

故山

鉴水终年碧，云山尽日闲。故山不可到，幽梦每相关。雾豹言长隐，云龙欲共攀。缘知丹壑意，未胜紫宸班。

译文

明澈的湖水终年碧绿，在云雾缭绕的山中整日都悠闲，故乡的山我到不了，幽梦中所见每每与之相关。云雾中的豹子让我长久隐居，云中的龙想与我一同攀登。故乡山川待我归隐的心意，还是没有胜过朝堂之事。

忆鉴湖友

长见人来说，扁舟每独游。春风梅市晚，月色鉴湖秋。空有烟霞好，犹为尘世留。自今当勇往，先与报江鸥。

译文

常听人说起，你每每独自乘扁舟出游。夜晚春风吹拂梅市，秋日月色照耀鉴湖。我空有爱好烟霞的隐居想法，依然被尘俗之世羁留。从今后应勇敢前往，先将此意报给江鸥。

狱中诗十四首

正德丙寅年十二月以上疏忤逆瑾下锦衣狱作

不寐

天寒岁云暮，冰雪关河迥。幽室魍魉生，不寐知夜永。惊风起林木，骤若波浪汹。我心良匪石，讵为戚欣动。滔滔眼前事，逝者去相踵。崖穷犹可陟，水深犹可泳。焉知非日月，胡为乱予衷？深谷自逶迤，烟霞日悠永。匡时在贤达，归哉盍耕垅。

译文

天气寒冷一年将尽，冰雪铺满偏远的关口河滩。幽室中生出魍魉，无法入睡，感到夜晚如此漫长，狂风吹动树林，一时间如波浪汹涌。我的心的确不是石头，哪能不为忧伤高兴动摇？眼前的事连绵不绝，消逝的事前后相继。山高犹可攀登，水深也可以游泳。不是日月流逝，谁能打乱我的初衷。深谷蜿蜒，烟霞不灭，匡济时代需要贤达之人，我就归去躬耕于田间吧。

有室七章

有室如簴，周之崇墉。室如穴处，无秋无冬。耿彼屋漏，天光入之。瞻彼日月，何嗟及之。倏晦倏明，凄其以风。倏雨倏雪，当昼而蒙。夜何其矣，靡星靡粲。岂无白日，寤寐永叹。心之忧矣，匪家匪室。或其启矣，殒予匪恤。氤氲其埃，日之光矣。渊渊其鼓，明既昌矣。朝既式矣，日既夕矣。悠悠我思，曷其极矣。

译文

室如笼子，四周竖着高墙。在这洞里居住，没有秋冬。那屋子有漏洞，天光从中透进来。看着太阳月亮，嗟叹人触及不到！忽暗忽亮，风吹过房中感到凄冷。忽下雨忽下雪。正当白天时也一片迷蒙。夜晚如何呢？没有星辰闪耀，难道没有白日吗，我睡不着长长叹息。我所忧伤的，是没有家室。谁能放开我，让我死去，不用救济。尘埃氤氲飘动，有阳光浮动，鼓声宏大，光明兴盛。早晨举行典礼，直到日落西山。我悠悠的思绪啊，是没有穷极。

读易

囚居亦何事？省愆惧安饱。瞑坐玩羲《易》，洗心见微奥。乃知先天翁，画画有至教。包蒙戒为寇，童牿事宜早。蹇蹇匪为节，虩虩未违道。遁四获我心，蛊上庸自保。俯仰天地间，触目俱浩浩。箪瓢有余乐，此意良匪矫。幽哉阳明麓，可以忘吾老。

译文

被囚禁能做什么事，反省过失，惧怕饱食终日无所事事，静坐玩味《周易》之义，洗涤内心，渐渐发现精微深奥的道理。才知道伏羲画卦，每一笔都是至极的教诲。（蒙卦讲）启发童蒙防止为寇虐，（大畜卦讲）给童牛加上木牿，防范错误要趁早。（蹇卦讲）行走艰难时仍要保持中正之节，（震卦讲）让万物惶恐畏惧未曾违反天道。遁卦四爻退避之义深得我心，蛊卦上爻劝人不事王侯可自保。俯仰天地之间，满目都是嘈杂的景象。想像颜回那样穷居陋巷箪食瓢饮安贫乐道，这番想法不是作伪。阳明山下清幽，可以让我忘记我已年老。

岁暮

兀坐经旬成木石，忽惊岁暮还思乡。高檐白日不到地，深夜黠鼠时登床。峰头霁雪开草阁，瀑下古松闲石房。溪鹤洞猿尔无恙，春江归棹吾相将。

译文

兀自坐在那里十余天将要变成木石，忽然意识年终将至想回家乡。高高的屋檐挡着日光，照不到地面，深夜里狡黠的老鼠不时爬上床。在峰顶的晴雪中草阁敞开，瀑布下古松旁石房闲置。溪边仙鹤、洞里猿猴别来无恙，在春日江上我要向回划动船桨回乡与你们相伴。

见月

屋罅见明月，还见地上霜。客子夜中起，旁皇涕沾裳。匪为严霜苦，悲此明月光。月光如流水，徘徊照高堂。胡为此幽室，奄忽逾飞扬。逝者不可及，来者犹可望。盈虚有天运，叹息何能忘！

译文

从屋子的罅缝里看到明月，还看到地面上的霜。客居之人半夜起床，彷徨哭泣，涕泪沾湿衣裳。不为遭受严霜痛苦，而是见到月光感到悲怆。月光像流水，徘徊照耀在高高的堂上。我为何会待在这牢房中，想要离开此处自由飞扬。已逝去的不可追，将要到来的还可期望。月亮的圆缺有天道运化，我叹息怎么能忘记这片月光？

天涯

天涯岁暮冰霜结，永巷人稀罔象游。长夜星辰瞻阁道，晓天钟鼓隔云楼。思家有泪仍多病，报主无能合远投。留得升平双眼在，且应蓑笠卧沧洲。

译文

年终了天涯冰霜凝结，长巷中人烟稀少没有游玩的。长夜星辰照亮阁道，早晨的钟鼓声隔着云楼传来。思念家乡泪水流，身体又有许多病，无力报效君主合该被贬到远方。留下目睹太平的双眼在此，我应该穿蓑衣，戴斗笠，卧在沧洲中。

屋罅月

幽室不知年，夜长昼苦短。但见屋罅月，清光自亏满。佳人宴清夜，繁丝激哀管。朱阁出浮云，高歌正凄婉。宁知幽室妇，中夜独愁叹。良人事游侠，经岁去不返。来归在何时？年华忽将晚。萧条念宗祀，泪下长如霰。

译文

在幽暗房中不知道年月，夜长昼短令人悲苦。只见房子缝隙中漏下月光，月儿有清亮的光辉，自亏自满。佳人在清夜中宴饮，吹奏管弦。红色楼阁高出浮云之上，高唱歌曲声音凄婉。谁顾念处在幽室中的妇人，夜半孤自发愁长叹，思念的人是个游侠儿，他几年未归。回来不知在什么时候？转眼间人年华老去。感到萧条，念及祖先祭祀，泪水如雪粒般不停地落下。

别友狱中

居常念朋旧，簿领成阔绝。嗟我二三友，胡然此簪盍。累累囹圄间，讲诵未能辍。桎梏敢忘罪，至道良足悦。所恨精诚眇，尚口徒自蹶。天王本明圣，旋已但中热。行藏未可期，明当与君别。愿言无诡随，努力从前哲。

译文

穷居常想念老朋友，在狱中一别后再未谋面。嗟叹我狱中的二三位朋友，为何会相聚在牢狱中！身陷囹圄，讲学诵经未停止过。受桎梏不敢忘记罪责，追求至道足以令人悦畅。所遗憾的是精诚的功夫还不到家，崇尚口舌之争徒然让自己遭此挫折。天王本来英明神圣，很快地就会心中不安。我的行程不可预料，明日当与各位告别了。希望不要诡谲善变，努力跟随先哲的教诲。

赴谪诗五十五首

正德丁卯年赴谪贵阳龙场驿作

答汪抑之三首

去国心已恫，别子意弥恻。伊迩怨昕夕，况兹万里隔。恋恋歧路间，执手何能默？子有昆弟居，而我远亲侧。回思菽水欢，羡子何由得。知子念我深，夙夜敢忘惕。良心忠信资，蛮貊非我戚。

译文

离去的时候心中恐惧，与您分别时更加悲哀。您埋怨早晚间见不到我，更何况如今远隔万里。在歧路间恋恋不舍，执手相看为何沉默？您还有昆弟一同居住，而我远离亲人身边。想起粗茶淡饭的快乐，羡慕您是如何得到的。知道您十分挂念我，日夜不敢放松警惕。良心忠诚是我的辅助，蛮夷之族不是我的亲戚。

北风春尚号，浮云正南驰。风云一相失，各在天一涯。客子怀往路，起视明星稀。驱车赴长阪，迢迢入岚霏。旅宿苍山底，雾雨昏朝弥。间关不足道，嗟此白日微。切磋怀良友，愿言毋心违。

译文

春天北风尚在呼号，浮云飘向南方，风和云彼此错失，各在天涯一方。我在怀念着以往的道路，起床见明亮的星星稀疏。赶车到长阪去，路途迢迢地进入山岚中。在苍山脚下暂时停歇，雾雨令早晨都昏暗了。道路崎岖不能行走，嗟叹白天日光微弱。怀念曾相互切磋的好朋友，愿不要违背初心。

闻子赋茆屋，来归在何年？索居间楚越，连峰郁参天。缅怀岩中隐，磴道穷扳缘。江云动苍壁，山月流澄川。朝采石上芝，暮漱松间泉。鹅湖有前约，鹿洞多遗篇。寄子春鸿书，待我秋江船。

译文

听说您作了茆屋赋，归来时是什么时候？在楚越之地离群索居，连绵的山峰幽暗参天。缅怀山岩中长眠的隐者，石阶铺成的路不好走。江上云雾在苍壁间浮动，山月的光华流入澄清的河川。早晨采石芝，晚上用松间的清泉漱口。朱熹、陆九渊，曾会于鹅湖寺辩论，白鹿洞中多有先儒遗篇，寄予春日鸿鸟带去的书信，等待我秋季乘船前去探访。

阳明子之南也其友湛元明歌九章以赠崔子钟和之以五诗于是阳明子作八咏以答之

君莫歌九章，歌以伤我心。微言破寥寂，重以离别吟。别离悲尚浅，言微感逾深。瓦缶易谐俗，谁辨黄钟音？

译文

莫要吟唱九章，歌唱会使我心伤。轻声打破寂寥，重新以离别吟代替。离别的忧伤尚浅，言语轻微感触愈发深刻，用质朴的瓦缶容易与世俗之音和谐，谁能分辨出器大声宏的黄钟音？

其二

君莫歌五诗，歌之增离忧。岂无良朋侣？洵乐相遨游。譬彼桃与李，不为仓囷谋。君莫忘五诗，忘之我焉求？

译文

莫要歌唱五诗，歌会增添离别的忧愁。难道找不到良朋吗？相约同游实在快乐，想要像桃树李树一样，不为粮食生计考量。您不要忘了这五首诗，若是忘了，我到何处找您？

其三

洙泗流浸微，伊洛仅如线。后来三四公，瑕瑜未相掩。嗟予不量力，跛躄期致远。屡兴还屡仆，惴息几不免。道逢同心人，秉节倡予敢。力争毫厘间，万里或可勉。风波忽相失，言之泪徒泫。

译文

孔子的学说流传渐微，程颐程颢的后学也仅如线一样细微。后来的三四位，瑕不掩瑜。嗟叹我自不量力，跛着脚想到远方，屡次起行都跌倒，免不了惴惴的叹息。在路上遇到志同道合的人，秉持节义鼓励我坚持下去。在毫厘间也要力争做好，万里之外或可勉励到达。人事变故，言语之间只能落泪。

其四

此心还此理，宁论己与人！千古一嘘吸，谁为叹离群？浩浩天地内，何物非同春。相思辄奋励，无为俗所分。但使心无间，万里如相亲。不见宴游交，征逐胥以沦。

译文

此心此理，不分自己与他人，千古一声叹息，是谁因离开群而发？浩浩荡荡的天地之内，有什么东西不是共同享有春天。相互思念就振奋勉励，不为世俗所分心干扰。只要使心与心无间隙，相隔万里犹如相亲。不见宴乐交游之人，酒肉朋友全都会以此疏远。

其五

器道不可离，二之即非性。孔圣欲无言，下学从泛应。君子勤小物，蕴蓄乃成行。我诵穷索篇，于子既闻命。如何圜中士，空谷以为静？

译文

器与道不可分离，分离为二物就失去本性。孔圣人想要不说话，传播下学上达之教以应对众多跟从学习之人。君子在小事上勤奋，积力量会有所成就。我诵读穷索，在其中蒙受教导。如何让我这只有中士之质的人有所成就，还是在空旷的山谷中静心修养吧。

其六

静虚非虚寂，中有未发中。中有亦何有？无之即成空。无欲见真体，忘助皆非功。至哉玄化机，非子孰与穷！

译文

静虚不是虚寂，其中有不符合中道之处。中道是如何体现出来的？没有中道便成为虚妄。没有了欲望可以见到真的本体，忘却了本体的助益，都不是真功夫。玄化之机奥妙至极，不是你这样的人谁能穷尽？

其七

忆与美人别，赠我青琅函。受之不敢发，焚香始开缄。讽诵意弥远，期我濂洛间。道远恐莫致，庶几终不惭。

译文

回忆与美人告别的情形，她赠给我青琅函。我接受后不敢开启，恭敬焚香后才把它打开。其中寄托的意味深长，期望我能追随程子朱子的学问。这道路漫长，我担心到不了，但勉力而为大概可以不惭愧。

其八

忆与美人别，惠我云锦裳。锦裳不足贵，遗我冰雪肠。寸肠亦何遗？誓言终不渝。珍重美人意，深秋以为期。

译文

回忆起与美人告别的情形，她赠予我云锦裳。云锦裳不足以令人宝贵，宝贵的是她冰雪般的心肠。这是什么样的心意？是立下誓言将矢志不渝。珍重美人心意，深秋作为相会之期。

南游三首

元明与予有衡岳、罗浮之期，赋《南游》，申约也。

译文

元明与我有游览衡岳、罗浮的约定，赋诗记录南游，申明这个约定。

南游何迢迢，苍山亦南驰。如何衡阳雁，不见燕台书。莫歌澧浦曲，莫吊湘君祠。苍梧烟雨绝，从谁问九疑？

译文

向南方游历路途遥远，苍山也向南方倾倒，为何带书信的衡阳雁，没有带来燕台的书信？不要唱起澧浦曲，莫要凭吊湘君祠，苍梧之野烟雨消绝，谁能跟从我去九嶷山叩问？

其二

九疑不可问，罗浮如可攀。遥拜罗浮云，奠以双琼环。渺渺洞庭波，东逝何时还？生人不努力，草木同衰残。

译文

九嶷山虽然不可以问，罗浮山似乎可以攀登。我遥遥向罗浮山上之云叩拜，以双琼环来祭奠。洞庭湖水烟波浩渺，水向东流何日返还？人生不努力，就会和草木一同衰落残败。

其三

洞庭何渺茫，衡岳何崔嵬。风飘回雁雪，美人归未归。我有紫瑜珮，留挂芙蓉台。下有蛟龙峡，往往兴云雷。

译文

洞庭湖何等渺茫，衡山如此崔嵬。大风飘扬大雁归来雪花回旋，美人归来了吗？我有紫色瑜佩，留挂在芙蓉台，台下有蛟龙峡，常常兴起风云雷电。

忆昔答乔白岩因寄储柴墟三首

忆昔与君约，玩《易》探玄微。君行赴西岳，经年始来归。方将事穷索，忽复当远辞。相去万里余，后会安可期。问我长生诀，惑也吾谁欺。盈亏消息间，至哉天地机。圣狂天渊隔，失得分毫厘。

译文

回忆昔日与您的相约，研究《周易》探求其中玄妙道理。您要到西岳去，几年才能回归。正准备与您探究学问，忽然您要远行辞别。相隔有万里之远，日后何时能再相会？询问我长生的秘诀。我自己也感到迷惑怎能来欺骗您呢。充盈、亏虚，生长、消去，是天地间至极的奥妙。圣人与狂徒有天渊之隔，得失是差之毫厘谬以千里。

其二

毫厘何所辨？惟在公与私。公私何所辨？天动与人为。遗体岂不贵？践形乃无亏。愿君崇德性，问学刊支离。无为气所役，毋为物所疑。恬淡自无欲，精专绝交驰。博弈亦何事，好之甘若饴？吟咏有性情，丧志非所宜。非君爱忠告，斯语容见嗤。试问柴墟子，吾言亦何如？

译文

毫厘之差如何辨识？只因为用心的公与私，公心与私心如何分辨？在于顺应天性还是人为造作。父母所遗之身岂能不宝贵，实实在在做事才能无亏欠。愿您崇尚道德，钻研学问，丢弃支离破碎之病。不被习气所役使，不被外物所迷惑。恬静自然无欲，专精于学可以杜绝奔走交往。博弈是怎样的事？为何会对它甘之如饴？吟诗咏叹能体现性情，但由此玩物丧志就不合适了。不是我总要说些忠告之言，这些话就姑且见笑了。试着询问一下柴墟子，我的话说得如何？

其三

柴墟吾所爱，春阳溢鬓眉。白岩吾所爱，慎默长如愚。二君廊庙器，予亦山泉姿。度量较齿德，长者皆吾师。置我五人末，庶亦忘崇卑。迢迢万里别，心事两不疑。北风送南雁，慰我长相思。

译文

柴墟子是我所敬爱之人，发鬓和眉毛间蓬勃的阳气盎然，溢出了春光。白岩是我所敬爱之人，慎重沉默大智若愚。两位君子是国家栋梁之才，我也不过只有山泉隐士的资质。无论是看度量还是比较年纪，年长的都是我的老师，把我排在五人末位，几乎忘记高下之别。将要去迢迢万里之外与友人分别，彼此的心意不需怀疑。北风送雁南归，宽慰我长久的相思。

一日怀抑之也抑之之赠既尝答以三诗意若有歉焉是以赋也

一日复一日，去子日以远。惠我金石言，沉郁未能展。人生各有际，道谊尤所眷。尝嗤儿女悲，忧来仍不免。缅怀沧洲期，聊以慰迟晚。

译文

一天过去一天，离开你越来越远。你所惠赠我金玉良言，而我郁郁不得志未能施展，人生各有际遇，求道结下的友谊尤其是我所眷念的。曾不屑于在分别时有小儿女一样的悲哀，但忧愁袭来仍不免涕下沾襟。缅怀沧洲的约期，姑且得到些安慰，弥补您迟迟不来的遗憾。

其二

迟晚不足叹，人命各有常。相去忽万里，河山郁苍苍。中夜不能寐，起视江月光。中情良自抑，美人难自忘。

译文

迟迟不来不足以感叹，人的生命各自常道。忽然之间相隔万里，河山郁郁苍苍。夜半不能入眠，起身看江上的月光。心中的情意难以压抑，美人自难忘怀。

其三

美人隔江水，佛仿若可睹。风吹蒹葭雪，飘荡知何处。美人有瑶瑟，清奏含太古。高楼明月夜，惆怅为谁鼓。

译文

美人与我隔着江水，仿佛能够将她看清。风吹拂如雪的芦苇。飘飘扬扬不知落于何处。美人有瑶瑟，清雅的音色中含有太古的高风。月光明亮，她在的高楼里惆怅鼓瑟又是为了谁。

梦与抑之昆季语湛崔皆在焉觉而有感因纪以诗三首

梦与故人语，语我以相思。才为旬日别，宛若三秋期。令弟坐我侧，屈指如有为。须臾湛君至，崔子行相随。肴醑旋罗列，语笑如平时。纵言及微奥，会意忘其辞。觉来复何有？起坐空嗟咨。

译文

梦见与故人交谈，他对我诉说相思。分别才十多天，就仿佛分开了三年。您的弟弟坐在我身边，弯曲手指好像正在做什么。一会湛君到来，崔子跟着前来。佳肴很快摆好，谈笑如同平日。畅聊玄妙的道理，相互领会意思忘却言辞。醒来还有什么？起身发出空空嗟叹。

其二

起坐忆所梦，默溯犹历历。初谈自有形，继论入无极。无极生往来，往来万化出。万化无停机，往来何时息。来者胡为信？往者胡为屈？微哉屈信间，子午当其屈。非子尽精微，此理谁与测？何当衡庐间，相携玩羲《易》。

译文

起身坐着回忆梦境，梦中之事历历在目。开始谈论时还有具体所指，后来就讨论起玄妙的道理。无极生出往来，往来中万般造化显现。万物运行不会停止，往来又如何会停歇。所来的什么是可信的？所往的什么是理亏的？可信和理屈之间很是微妙，你不做理亏之事。若不是你完全了解其中的精微，这个道理谁能分辨呢？何时你才能来我隐居的陋室，共同研究《周易》之义。

其三

衡庐曾有约，相携尚无时。去事多翻覆，来踪岂前知？斜月满虚牖，树影何参差。林风正萧瑟，惊鹊无宁枝。邈彼二三子，惄焉劳我思。

译文

曾经有来我隐居之地的约定，相携同游还没有具体定下来日期。过去的事情繁多无常，你要来的信息又岂能提前预料得到？斜斜的月亮洒满房中，树影参差不齐。林中的风萧瑟，惊起的鹊鸟找不到安栖的树枝。你二三人离我太远，使我忧郁多相思。

因雨和杜韵

晚堂疏雨暗柴门，忽入残荷泻石盆。万里沧江生白发，几人灯火坐黄昏。客途最觉秋先到，荒径惟怜菊尚存。却忆故园耕钓处，短蓑长笛下江村。

译文

晚间的庭堂，在稀疏的雨水中柴门变得暗淡，忽见残败的荷花泻入石盆，万里沧江白发生出来，有几人在黄昏时坐于灯下？在旅途上最能感到秋天来临，荒芜的小路怜惜菊花还未凋谢，想起了故乡耕种垂钓处，披着短蓑吹着长笛下江村。

赴谪次北新关喜见诸弟

扁舟风雨泊江关，兄弟相看梦寐间。已分天涯成死别，宁知意外得生还。投荒自识君恩远，多病心便吏事闲。携汝耕樵应有日，好移茅屋傍云山。

译文

扁舟在风雨中停泊在江边渡口，兄弟相见如在梦中。已经分别想着各居天涯到死无法再相见，哪能知道意外地能够活着相聚。被抛弃居于荒芜之地，自知君恩远不能及，我身多病对官场之事只能闲处。带你们耕田种地的日子应该不远了，把茅屋移过去依傍着云山。

南屏

溪风漠漠南屏路，春服初成病眼开。花竹日新僧已老，湖山如旧我重来。层楼雨急青林迥，古殿云晴碧嶂回。独有幽禽解相信，双飞时下读书台。

译文

寂静的溪风吹拂着南屏路，刚刚做成春服，在病中眼睛睁开。花朵竹子日日变新僧人已年老了，湖山如旧日一般，我故地重游。急雨敲打在层楼上，青林幽深。晴天下有古老的宫殿，碧绿的山峰迂回。只有幽幽的飞禽能明白我，双双飞过读书台。

卧病静慈写怀

卧病空山春复夏，山中幽事最能知。雨晴阶下泉声急，夜静松间月色迟。把卷有时眠白石，解缨随意濯清漪。吴山越峤俱堪老，正奈燕云系远思。

译文

卧病静养，空旷的山中，春天过去夏天到来，最能知道山中发生的幽事。雨后天晴，台阶下泉水湍急，静静的夜里松树间月色迟迟到来。手持书卷有时在白石上睡着，解开缨带随意在泉水中清洗。吴地、越地高山都可以终老，正奈何我仍怀念着故乡的燕云。

移居胜果寺二首

江上但知山色好，峰回始见寺门开。半空虚阁有云住，六月深松无暑来。病肺正思移枕簟，洗心兼得远尘埃。富春咫尺烟涛外，时倚层霞望钓台。

译文

来到江上才知道山色好。峰回路转见到寺门敞开。半空中的虚阁中有云居住，六月幽深的松林中没有暑气。生了肺病正想搬家，此处可以清洗心灵，还能远离尘埃。富春江的烟涛在咫尺之外，时时倚靠着层层云霞望向钓台。

病余岩阁坐朝曛，异景相新得未闻。日脚倒明千顷雾，雨声高度万峰云。越山阵水当吴峤，江月随潮上海门。便欲携书从此老，不教猿鹤更移文。

译文

病中之余终日坐在山上阁子中，新奇的景象未曾听过。太阳移步照亮千顷的雾气，雨声在万峰的高处回荡。吴地的山水与越地类似，江上的月光随潮水涌上海门。打算带着书卷在此终老，不教猿猴仙鹤再谴责我（不来归隐）。

忆别

忆别江干风雪阴，艰难岁月两侵寻。重看骨肉情何限，况复斯文约旧深。贤圣可期先立志，尘凡未脱谩言心。移家便住烟霞壑，绿水青山长对吟。

译文

想起在江上阴郁的风雪中分别，岁月艰难漫长。重视骨肉之情有何限度，何况还有过去郑重的约定。可以自我期许能成为贤圣，但须要先立下志向，未脱离尘世之事，不要谈论心性。搬家去隐居在烟霞深山中，对着水绿山青长久吟诗。

泛海

险夷原不滞胸中，何异浮云过太空。夜静海涛三万里，月明飞锡下天风。

译文

胸中原本就不以险境与平顺为阻碍，这些无异于浮云从空中经过。夜晚安静，海涛绵延三万里，天风带着月光飞洒人间。

武夷次壁间韵

肩舆飞度万峰云，回首沧波月下闻。海上真为沧水使，山中又遇武夷君。溪流九曲初谙路，精舍千年始及门。归去高堂慰垂白，细探更拟在春分。

译文

轿子飞越万峰上的云朵，回首听闻沧海的波涛声，在海上为沧水驱使，在山中又遇到了武夷君。溪水九曲回转刚开始认清路，寻访精舍千年才到达门前。归去在高堂中安慰垂下的白发，细细探究更怀疑是在春分之时。

草萍驿次林见素韵奉寄

山行风雪瘦能当，会喜江花照野航。本与宦途成懒散，颇因诗景受闲忙。乡心草色春同远，客鬓松梢晚更苍。料得烟霞终有分，未须连夜梦溪堂。

译文

在山中行走遇到风雪，身体虽瘦弱还能抵挡。喜爱江花照亮野游的航路。本来在宦途中懒散怠慢，颇为如诗的景色忙碌。思念家乡的心与草色春天一样的遥远，旅客的发鬓与松树梢都年老更苍白。知道终将与烟霞隐居生活分别，不须等到夜里，便梦到了溪水和庭堂。

玉山东岳庙遇旧识严星士

忆昨东归亭下路，数峰箫管隔秋云。肩舆欲到妨多事，鼓枻重来会有云。春夜绝怜灯节近，溪声最好月中闻。行藏无用君平卜，请看沙边鸥鹭群。

译文

回想东归时在长亭相送的情景，箫声回荡隔着群峰秋云。想要拜访此处却总被繁多的事情妨碍，重来泛舟会有云朵相伴。初春之夜最期待的是元宵佳节，最美妙的溪水声音是在月下聆听到的。行迹不用您占卜了，看看沙洲边的鸥鸟白鹭（我就如同它们一般）。

广信元夕蒋太守舟中夜话

楼台灯火水西东，箫鼓星桥渡碧空。何处忽谈尘世外，百年惟此月明中。客途孤寂浑常事，远地相求见古风。别后新诗如不惜，衡南今亦有飞鸿。

译文

楼台燃起灯火，水流向西东，吹箫鼓瑟架起星桥横渡碧空。哪里忽然谈到了尘世外，百年都在这明亮的月色中。客行途中孤单寂寞是平常事，到远方去见到了古时的风范。分别后若能多写新诗，衡阳会有带着书信的飞鸿。

夜泊石亭寺用韵呈陈娄诸公因寄储柴墟都宪及乔白岩太常诸友

廿年不到石亭寺，惟有西山只旧青。白拂挂墙僧已去，红阑照水客重经。沙村远树凝春望，江雨孤篷入夜听。何处故人还笑语，东风啼鸟梦初醒。

译文

二十年来没到过石亭寺，只有西山依旧青。白色的拂尘挂在墙上和尚已经离去，红色的栏杆倒映水中，客人又经过。春色中凝望沙村远树，在江上的孤舟中听着雨声。何处的故人还在谈笑，东风中的鸟儿啼鸣，把我从梦中惊醒。

怅望沙头成久坐，江洲春树何青青。烟霞故国虚梦想，风雨客途真惯经。白璧屡投终自信，朱弦一绝好谁听。扁舟心事沧浪旧，从与渔人笑独醒。

译文

怅然望着沙头久坐，江洲上树木青青。回归故乡烟霞中都是虚幻的梦想，已经习惯了风雨客行，白璧屡次被投弃仍始终自信，朱弦的绝响谁来听。在扁舟里心中想着沧浪之歌，梦中与渔人相从而笑，醒来只有我一人。

过分宜望钤冈庙

共传峰顶树，古庙有灵神。楚俗多尊鬼，巫言解惑人。望禋存旧典，捍御及斯民。世事浑如此，题诗感慨新。

译文

传说峰顶有仙树，古庙里有神灵。楚地风俗多尊信鬼神，巫师的言语难解令人迷惑。望祭、禋祀记载在旧典中，保佑百姓。世上的事都如此，题诗抒发新的感慨。

杂诗三首

危栈断我前，猛虎尾我后。倒崖落我左，绝壑临我右。我足复荆榛，雨雪更纷骤。邈然思古人，无闷聊自有。无闷虽足珍，警惕忘尔守。君观真宰意，匪薄亦良厚。

译文

危险的栈道在我面前断开，猛虎尾随在我身后。左边是倒悬的山崖，右边是深深的沟壑。我脚踩荆棘榛树，雨和雪骤然纷纷落下。思念那邈远的古人，不觉烦闷。不觉烦闷虽足以珍惜，但要警惕忘记自己的操守。观察您的真意，不微薄而是极深厚。

其二

青山清我目，流水静我耳。琴瑟在我御，经书满我几。措足践坦道，悦心有妙理。顽冥非所惩，贤达何靡靡。乾乾怀往训，敢忘惜分晷。悠哉天地内，不知老将至。

译文

青山使我的眼睛明亮，流水使我的耳中安静。弹奏琴瑟，经书堆满案几。在平坦的道路上行走，微妙的道理使我心灵愉悦。要戒除愚顽固执，贤达之人为什么会颓靡，终日乾乾时刻不敢忘怀先哲过往的训示，在天地间悠然徘徊，不知老之将至。

其三

羊肠亦坦道，太虚何阴晴。灯窗玩古《易》，欣然获我情。起舞还再拜，圣训垂明明。拜舞讵逾节？顿忘乐所形。敛衽复端坐，玄思窥沉溟。寒根固生意，息灰抱阳精。冲漠际无极，列宿罗青冥。夜深向晦息，始闻风雨声。

译文

羊肠小道也是坦途，太虚为何会有阴晴变幻，在窗下点灯玩味《周易》，其中道理令我欣然。起舞再拜，圣人的垂训如此英明。舞蹈行礼逾越了节制吗？是太过高兴欣然忘形，收敛衣服重新端坐，玄思窥见深沉的道理。寒根让生机更牢固，如死灰般脱离形体可以抱存阳精。虚寂恬静到达无极之际，列星分散在青空中，夜深了我在黑暗中休息，刚听到风雨的声音。

袁州府宜春台四绝

宜春台上还春望，山水南来眼未尝。却笑韩公亦多事，更从南浦羡滕王。

译文

春日在宜春台上眺望，山与水从南方而来，还未见识过这样的景色。只笑韩公多事，在南浦羡慕滕王。

台名何事只宜春，山色无时不可人。不用烟花费妆点，尽教刊落尽嶙峋。

译文

台子因为何事名叫“宜春”，山光水色时时招人喜欢。不用烟雾繁花点缀，抛弃这些装饰只余下奇兀耸峭的山石。

持修江藻拜祠前，正是春风欲暮天。童冠尽多归咏兴，城南兼说有温泉。

译文

写下赞美江景的辞藻到祠堂拜祭，正是春风吹拂的傍晚。少年多有浴乎沂，风乎舞雩，咏而归的兴致，还说城南有温泉。

古庙香灯几许年，增修还费大官钱。至今楚地多风雨，犹道山神驾铁船。

译文

古庙焚香灯火延续了多少年，修缮需耗费巨额官银。至今楚地多有风雨，还有人说是山神驾着铁船前来。

夜宿宣风馆

山石崎岖古辙痕，沙溪马渡水犹浑。夕阳归鸟投深麓，烟火行人望远村。天际浮云生白发，林间孤月坐黄昏。越南冀北俱千里，正恐春愁入夜魂。

译文

山间石径崎岖不平，还留有古老的车辙，溪边沙洲拴马的渡口水还是那么浑浊。夕阳西下归鸟投飞到深山，烟火亮起行人遥望远处村庄。云漂浮在天边我生出白发，孤月挂在黄昏的林间我独坐其中。越南与冀北都是千里之途，正担忧春愁渐生进入梦境。

萍乡道中谒濂溪祠

木偶相沿恐未真，清辉亦复凛衣巾。簿书曾屑乘田吏，俎豆犹存畏垒民。碧水苍山俱过化，光风霁月自传神。千年私淑心丧后，下拜春祠荐渚萍。

译文

祠堂中的木偶恐怕未必是濂溪先生真实的形象，衣巾清辉严正有威势。先生也曾被贬到萍乡做过税监一类的小官，祠堂中陈列的俎豆等礼器仍让百姓敬畏。碧水苍山都在不断变化，先生光风霁月自然传神。千年之后，我虽未亲受您教导，但服膺先生的学问，愿尊为师，在祠堂中下拜，献上水洲中出产的萍草。

宿萍乡武云观

晓行山径树高低，雨后春泥没马蹄。翠色绝云开远嶂，寒声隔竹隐晴溪。已闻南去艰舟楫，漫忆东归沮杖藜。夜宿仙家见明月，清光还似鉴湖西。

译文

早晨在山路上行走，树木高低错落，雨后春泥把马蹄都淹没。翠绿的颜色和绝高处的云朵掩映远山，秋声隔着竹林传来，晴日中溪水隐没不见。已听说南去行船十分艰难，漫杂的思绪想着东归时拄杖踩藜也多阻碍。夜里在仙家住宿看到明月，清亮的光辉还似在鉴湖西岸的样子。

醴陵道中风雨夜宿泗洲寺次韵

风雨偏从险道尝，深泥没马陷车箱。虚传鸟路通巴蜀，岂必羊肠在太行。远渡渐看连暝色，晚霞会喜见朝阳。水南昏黑投僧寺，还理羲编坐夜长。

译文

在险峻道路上饱尝风雨，深深的泥泽没过马蹄车箱下陷。虚传从鸟路可以通向巴蜀之地，难走的羊肠道不一定都在太行山上。远处的渡口可以看到渐起的夜色，见到晚霞欢喜明日会迎来朝阳。水的南面昏暗投宿寺庙，在长夜中读《周易》。

长沙答周生

旅倦憩江观，病齿废谈诵。之子特相求，礼殚意弥重。自言绝学余，有志莫与共。手持一编书，披历见肝衷。近希小范踪，远为贾生恸。兵符及射艺，方技靡不综。我方惩创后，见之色亦动。子诚仁者心，所言亦屡中。愿子且求志，蕴蓄事涵泳。孔圣固惶惶，与点乐归咏。回也王佐才，闭户避邻哄。知子信美才，大构中梁栋。未当匠石求，滋植务培壅。愧子勤绻意，何以相规讽。养心在寡欲，操存舍即纵。岳麓何森森，遗址自南宋。江山足游息，贤迹尚堪踵。何当谢病来，士气多沉勇。

译文

旅途疲倦在江观中休息，牙齿生病不能说话。你特地来求教，礼节周全情意深重。自己说学有余地，有志向却无人共读。手里拿着一编书，披肝沥胆见诚意。就近说无法寻到范仲淹的踪迹，往远说为贾生的事迹哀恸。兵符和射艺，没有不全面的。我刚征伐过反贼，见到这些不禁动容。你诚然有仁者之心，所说的话也很中肯。愿你树立志向，多加积累涵咏事理。孔圣人还惶然，乐意与曾点到春季的郊野沐泳。颜回有辅佐君王之才，合上门户避开邻里喧闹。我知你有优秀才能，可以成为栋梁之材。未遇到打磨你的匠人时，务必自我培养成长。我愧对你勤勤不倦的心意，用什么来教导规劝你呢。养心的要领在于寡欲，能持守就在，一放纵就失去。岳麓山森森然，山间的书院是南宋留下的遗址。江山足以游览休息，贤人的遗迹后人还能追随。如何能从病中振作，士气沉稳英勇。

涉湘于迈岳麓是尊仰止先哲因怀友生丽泽兴感伐木寄言二首

客行长沙道，山川郁绸缪。西探指岳麓，凌晨渡湘流。逾冈复陟巘，吊古还寻幽。林壑有余采，昔贤此藏修。我来实仰止，匪伊事盘游。衡云闲晓望，洞野浮春洲。怀我二三友，伐木增离忧。何当此来聚？道谊日相求。

译文

客行于长沙道上，山川幽暗寂寥。向西探访岳麓山，凌晨渡过湘江。跨过山风，又跋涉过峡谷，凭吊古人寻访幽景。树林沟壑有余留的风采，昔日贤人在此修习。我前来实在是仰慕前贤，不是为了游玩参观。早间悠闲望见山间的云彩，山洞野趣盎然浮于春洲上。怀念我二三友人，吟诵《伐木》增添离愁。何时能来此相聚，每天切磋道义增厚情谊。

其二

林间憩白石，好风亦时来。春阳熙百物，欣然得予怀。缅思两夫子，此地得徘徊。当年靡童冠，旷代登堂阶。高情讵今昔，物色遗吾侪。顾谓二三子，取瑟为我谐。我弹尔为歌，尔舞我与偕。吾道有至乐，富贵真浮埃。若时乘大化，勿愧点与回。陟冈采松柏，将以遗所思。勿采松柏枝，两贤昔所依。缘峰践台石，将以望所期。勿践台上石，两贤昔所跻。两贤去邈矣，我友何相违？吾斯未能信，役役空尔疲。胡不此簪盍，丽泽相遨嬉？渴饮松下泉，饥餐石上芝。偃仰绝余念，迁客难久稽。洞庭春浪阔，浮云隔九疑。江洲满芳草，目极令人悲。已矣从此去，奚必兹山为。恋系乃从欲，安土惟随时。晚闻冀有得，此外吾何知。

译文

在树间白石上休息，不时有好风吹来。春天阳光普照万物，令我开怀。缅怀程朱两位夫子，在这个地方徘徊。二位还不到弱冠之年，学问上已经能隔代登上孔子的堂阶，高尚的情怀不分今昔，名物遗迹留给我辈人。回头对两三个学生说，取瑟来为我伴乐。我弹奏你唱歌，你跳舞我共舞。我有至乐之道，富贵真是浮尘。若能乘大化之游，不愧对曾点和颜回。登上山冈采松柏，将用来寄托情思。不要采摘松柏枝，这是两位贤人昔日曾依靠过的。攀着山峰踩上台石，想要看看期待的景色。不要踩在台石上，那是两位贤人昔日攀登过的。两位贤人已远去，我的友人有哪里做得不对？我不信这些话，只徒劳疲于奔波。为何不在此相聚，在清丽的水中游玩嬉戏？渴了喝松下的泉水，饿了吃石上的灵芝。俯仰之间断绝杂念，被贬谪之人难以久留。洞庭湖春天的浪宽阔，浮云隔着九嶷山。江洲上长满了芳草，目光尽处令人伤悲。算了吧，从今一去，不必非要在此山中才能这样，所挂念的是从心所欲，随时能够安居。闻道晚于二位夫子，希望能有所得，除此外我还知道些什么呢？

游岳麓书事

醴陵西来涉湘水，信宿江城沮风雨。不独病齿畏风湿，泥潦侵途绝行旅。人言岳麓最形胜，隔水溟蒙隐云雾。赵侯需晴邀我游，故人徐陈各传语。周生好事屡来速，森森雨脚何由住。晓来阴翳稍披拂，便携周生涉江去。戒令休遣府中知，徒尔劳人更妨务。橘洲僧寺浮江流，鸣钟出延立沙际。停桡一至答其情，三洲连绵亦佳处。行云散漫浮日色，是时峰峦益开霁。乱流荡桨济倏忽，系楫江边老檀树。岸行里许入麓口，周生道予勤指顾。柳溪梅堤存仿佛，道林林壑独如故。赤沙想像虚田中，西屿倾颓今冢墓。道乡荒趾留突兀，赫曦远望石如鼓。殿堂释菜礼从宜，下拜朱张息游地。凿石开山面势改，双峰辟阙见江渚。闻是吴君所规画，此举良是反遭忌。九仞谁亏一篑功，叹息遗基独延伫。浮屠观阁摩青霄，盘据名区遍寰宇。其徒素为儒所摈，以此方之反多愧。爱礼思存告朔羊，况此实作匪文具。人云赵侯意颇深，隐忍调停旋修举。昨来风雨破栋脊，方遣圬人补残敝。予闻此语心稍慰，野人蔬蕨亦罗置。欣然一酌才举杯，津夫走报郡侯至。此行隐迹何由闻？遣骑候访自吾寓。潜来鄙意正为此，仓卒行庖益劳费。整冠出迓见两盖，乃知王君亦同御。肴羞层叠丝竹繁，避席兴辞恳莫拒。多仪劣薄非所承，乐阕觞周日将暮。黄堂吏散君请先，病夫沾醉须少憩。入舟暝色渐微茫，却喜顺流还易渡。严城灯火人已稀，小巷曲折忘归路。仙宫酣倦成熟寐，晓闻檐声复如注。昨游偶遂实天假，信知行乐皆有数。涉躐差偿夙好心，尚有名山敢多慕。齿角盈亏分则然，行李虽淹吾不恶。

译文

从西边的醴陵赶来渡过湘江，住宿在江城为风雨所阻，不仅是牙齿生病担忧风湿，泥浆把道路给断绝无法起行。人们说岳麓山是形胜之地，水波相隔云雾迷蒙，赵侯晴日里邀我来游览，徐、陈两位老朋友的各传信息。周生热心屡次来拜访，雨下得如此之大何时才能停止？早晨阴雨稍散，便携同周生去渡江，叮嘱他一定不要让府上知晓，会白白造成烦扰打扰府上正事。橘子洲与寺庙仿佛浮在橙红的江流上，僧人敲响钟来沙洲边上迎接我们，停下船桨过去回应他们的热情，三洲连在一起也是好去处。漂浮的云朵散布日光闪耀，这时群峰从散开的云雾中显现，在湍急的水流中摇动船桨快速行舟，将船锚系在江边的老檀树处。上岸行走数里到了岳麓山的入口，周生殷勤为我指路，当年的柳溪梅堤仿佛还存在，树林沟壑依然如故，在红沙地上想象虚幻的田地，西边岛屿倾颓，现在是一片坟地，道路荒凉我等忽然行迹突兀，在红色晨曦中望去石头像鼓一样。在殿堂上释菜祭奠，礼节合宜，向朱熹张栻曾游览栖息之地下拜。凿石开山地势改变，在双峰间开辟的阙口可以望见江中的陆地。听闻是这吴君规划的，这个举动却遭人猜忌，为山九仞最终功亏一篑，我等对着遗留的基址伫立叹息，山中的僧塔道观高峻近天，这些建筑盘踞在天下的名胜之地，僧人、道士素来被儒道摒弃，这样一比反而令人羞愧。以礼节表示敬爱献上祭品，是真实地行礼而非只是说说而已。人们说赵侯的用意深长，隐忍调解很快完工，昨日风雨把房子的屋脊吹坏了，正派泥瓦匠修补残坏处。我听后心中稍感安慰，我等野游之人也把吃的蔬菜蕨类罗列安置一番，刚高兴举杯喝了一杯酒，报信的人就告知郡侯来到，这次行动隐蔽，他如何得知，是去我家中拜访未见到人才来此的，我悄然出行正是怕劳烦他人，仓促之间准备食物也颇劳心费神。整理衣冠来相见，见到两顶车盖，才知王君也一同驾车前来。他们带了丰盛菜肴奏起繁密的乐曲，离座而起与我交谈，言辞恳切不可推辞，两位多加礼待，我这卑劣浅薄之人不敢承受，乐曲停下酒也喝遍太阳要落山了。酒宴结束诸位请先行，我这生病之人酒醉要稍作休息，进入船中夜色渐微茫，我却高兴可顺流而下容易行船，城中灯火行人都已稀少，在曲折的小巷中忘了回去的路，在仙宫中醉倒后睡得很香，早晨听到房檐滴漏如雨落，昨日偶然能成行实在是向天借来的，我知道行乐都有定数，一番出游能一偿往日夙愿，心中还倾慕很多名山。齿角有盈有亏，分开是自然的。行李虽然落入水中淹了，我也不生气埋怨。

次韵答赵太守王推官

诘朝事虔谒，玄居宿斋沐。积霖喜新霁，风日散清燠。兰桡渡芳渚，半涉见水陆。溪山俨新宇，雷雨荒大麓。皇皇弦诵区，斯文昔炳郁。兴废尚屯疑，使我怀悱懊。近闻牧守贤，经营亟乘屋。方舟为予来，飞盖遥肃肃。花絮媚晚筵，韶景正柔淑。浴沂谅同情，及兹授春服。令德倡高词，混珠愧鱼目。努力崇修名，迂疏自岩谷。

译文

早起虔诚地拜访，晚间沐浴斋戒，雨下了很久刚放晴，风和日丽。驾兰舟渡到过芳渚，行舟半途中见到水中陆地。溪山中有俨然的新居，雷雨笼罩山麓。这里美盛肃穆，是孔子曾弦歌处，天降斯文光彩彪炳。修旧起废尚有疑难，使得我心中沮丧郁闷。听闻太守贤明，惨淡经营把房屋迅速修好，乘舟为我而来，飞驰的船盖遥遥庄重，花絮装点晚筵，韶景正是柔美淑好之时，孔子师徒在沂水洗浴时，想来有同样的感受，到这里被授予春服。您多加称赞，我这鱼目羞愧混在宝珠中，努力修养好名声，我这迂腐疏懒之人是从岩石深谷中来的。

天心湖阻泊既济书事

挂席下长沙，瞬息百余里。舟人共扬眉，予独忧其驶。日暮入沅江，抵石舟果圮。补敝诘朝发，冲风遂龃龉。暝泊后江湖，萧条旁罾垒。月黑波涛惊，蛟鼍互睥睨。翼午风益厉，狼狈收断汜。天心数里间，三日但遥指。甚雨迅雷电，作势殊未已。溟溟云雾中，四望渺涯涘。篙桨不得施，丁夫尽嗟噫。淋漓念同胞，吾宁忍暴使？粥且倾橐，苦甘吾与尔。众意在必济，粮绝亦均死。凭陵向高浪，吾亦讵容止。虎怒安可撄？志同稍足倚。且令并岸行，试涉湖滨沚。收舵幸无事，风雨亦浸弛。逡巡缘沚湄，迤逦就风势。新涨翼回湍，倏忽逝如矢。夜入武阳江，渔村稳堪舣。籴市某晚炊，且为众人喜。江醪信漓汩，聊复荡胸滓。济险在需时，徼幸岂常理？尔辈勿轻生，偶然非可恃。

译文

卷起席子到长沙去，瞬息间船行百余里，船上的人都很高兴，我却担忧船的行驶，天将黑进入沅江，船果然碰到石头有损坏，只能补好破损，等待第二天早上再出发，大风刮起来，黄昏时停泊在江湖上，旁边有萧条的层层墙垒，月光很暗，波涛惊起，蛟龙与乌龟相视，到午夜风势更加凶猛，很狼狈地收船到小沟渠中，天心湖在数里之外，行了三天还只能遥望，雨急，雷电迅猛，看样子远没有要停止的迹象，在迷蒙的云雾中，四处望去看不清水里岸边。无法行船，船丁渔夫都唉声叹气，淋漓之中感念同胞，不忍在风暴雨中再驱使他们做什么，从行囊中拿出粥饭，我与你们同甘共苦，大家的意思是一定要渡河，否则粮食用完都得死去，凌驾着高高的浪头，我岂能从容观止？如何制住这怒虎般的江水，大家同心协力才可倚靠信任，我下令沿着岸边行驶，试着往湖滨小沙滩上停靠。收起船舵后幸好平安无事，风雨的势头也渐渐变弱，在沙滩小陆地边徘徊，就着风势，船曲折前行，又将帆涨满回到湍急的水道中，倏忽间船飞速前行如同射出的箭矢，夜里进入武阳江，可以在渔村平稳地靠岸了。到市上买东西准备晚餐，众人感到高兴，江村的酒浑浊，聊以荡去心中的沉滓，渡过险难在于能把握时机，侥幸成功不是常理。你们不要轻视生命，偶然的事情不能够用来依靠。

居夷诗

去妇叹五首

楚人有间于新娶而去其妇者。其妇无所归，去之山间独居，怀绻不忘，终无他适。予闻其事而悲之，为作《去妇叹》。

译文

去妇叹五首楚地有人新娶，就把妻子赶走了，妻子没有地方可去，到山中独自一人居住，深切眷恋，不忘旧情，没有再嫁。我听说这件事，为之悲哀，作《去妇叹》。

委身奉箕帚，中道成弃捐。苍蝇同白璧，君心亦何愆！独嗟贫家女，素质难为妍。命薄良自喟，敢忘君子贤？春华不再艳，颓魄无重圆。新欢莫终恃，令仪慎周还。

译文

委身嫁人操劳家务，在半道上被抛弃。苍蝇夹在白壁间，你有什么过错呢？唯独叹息贫穷人家的女子，质朴平实不娇妍。感慨自己命薄，不敢忘记君子的贤德。春华已逝，颓废的灵魂已无法重新圆满，新欢不能终身依靠，君子还是要谨慎与她周旋。

依违出门去，欲行复迟迟。邻妪尽出别，强语含辛悲。陋质容有缪，放逐理则宜。姑老藉相慰，缺乏多所资。妾行长已矣，会面当无时。

译文

迟疑着出门而去，想要走却迟迟不行。邻近的妇人都出来送别，勉强与之言语，话语含着辛酸悲哀。鄙陋的资质有错，放逐正是理所应当。姑老相互慰藉，对这贫乏之妇多有资助。妾妇这一去就会逝去！应当不会再见面了。

妾命如草芥，君身比琅玕。奈何以妾故，废食怀愤冤。无为伤姑意，燕尔且为欢。中厨存宿旨，为姑备朝餐。畜育意千绪，仓卒徒悲酸。伊迩望门屏，盍从新人言。夫意已如此，妾还当谁颜？

译文

妾妇命像草芥，夫君身如琅玕。奈何因为我的缘故，令君吃不下饭愤怒哀怨。不要违逆婆母的意思，燕尔新婚尽情为乐。在厨房中备好食材，为婆母准备好早饭。她生养教育你，情意千头万绪，仓促出走我悲哀心酸。近处看门屏她正与新人说话。她的心意已经如此，我回来如何面对呢？

去矣勿复道，已去还踌躕。鸡鸣尚闻响，犬恋犹相随。感此摧肝肺，泪下不可挥。冈回行渐远，日落群鸟飞。群鸟各有托，孤妾去何之？

译文

离去吧不要再说了。已经要走，还在踯躅徘徊。还听得见家中鸡打鸣，狗眷恋我依然跟随。有感于此心肝摧折，泪水流下擦不干。山冈迂回，渐行渐远，太阳落山，群鸟飞还。它们各有依托，孤妾我要到哪里去？

空谷多凄风，树木何潇森。浣衣涧冰合，采苓山雪深。离居寄岩穴，忧思托鸣琴。朝弹别鹤操，暮弹孤鸿吟。弹苦思弥切，屺隔云岑。君聪甚明哲，何因闻此音？

译文

空旷的山谷里多有凄凉的风，树木萧条森森。在冰冷的山涧中洗衣，在深山大雪采茯苓。远远地来到洞穴中居住，忧愁的思绪寄托于鸣琴。早晨弹奏别鹤操，晚上弹奏孤鸿吟。弹奏之声悲苦，思念更加深切，隔着高山和云雾。夫君明智聪慧，因何能听到这声音？

罗旧驿

客行日日万峰头，山水南来亦胜游。布谷鸟啼村雨暗，刺桐花暝石溪幽。蛮烟喜过青杨瘴，乡思愁经芳杜洲。身在夜郎家万里，五云天北是神州。

译文

每日客行在山峰顶上，南来的山水也是游览胜地，布谷鸣叫，雨中的山村昏暗。刺桐花石颜色暗淡石溪幽幽，欣喜地看到蛮夷之地的烟雾飘过从瘴气弥漫的青杨林中，怀着哀愁乡思经过芳杜洲。身在夜郎家在万里之外，那五云天北面是神州。

沅水驿

辰阳南望接沅州，碧树林中古驿楼。远客日怜风土异，空山惟见瘴云浮。耶溪有信从谁问，楚水无情只自流。却幸此身如野鹤，人间随地可淹留。

译文

从辰阳向南看与沅州相接，碧绿的树林中有古驿楼。远来之客每天怜惜这相异的风土人情，在空山中唯独能见浮动的瘴气。耶溪有信向谁询问？楚水无情，只独自流淌。只庆幸身如野鹤，人间随处可以停留。

钟鼓洞

见说水南多异迹，岩头时有鼓钟声。空遗石壁千年在，未信金砂九转成。远地星辰瞻北极，春山明月坐更深。年来夷险还忘却，始信羊肠路亦平。

译文

人们都说水南面有许多神奇的遗迹，在山顶常能够听到钟鼓声。遗留的空石矗立千年，我不相信金砂能炼成九转仙丹。这偏远之地的星辰瞻视北极，坐在春山明月下更感到幽深。近年来的平安危险都暂时忘却，开始相信羊肠小路也很平坦。

平溪馆次王文济韵

山城寥落闭黄昏，灯火人家隔水村。清世独便吾职易，穷途还赖此心存。蛮烟瘴雾承相往，翠壁丹厓好共论。畎亩投闲终有日，小臣何以答君恩。

译文

山城的黄昏寥落，隔着水村有人家亮起灯火。若世间清白，能独善其身，工作便好做，在穷途末路时，还须依赖这颗心生存。蛮烟与瘴雾与我往来，翠壁与丹崖与我做伴。终有一天能躬耕田园，小臣我如何报答君恩。

清平卫即事

积雨山途喜乍晴，暖云浮动水花明。故园日与青春远，敝缊凉思白苎轻。烟际卉衣窥绝栈（时土苗方仇杀），峰头戍角隐孤城。华夷节制严冠履，漫说殊方列省卿。

译文

登山途中一直落雨，欢喜天突然放晴。暖云浮动，水花明亮。故园与青春都日渐远离我，破棉絮使我的心绪冰凉，麻衣粗疏思念轻薄凉快的白苎夏衣，在烟雾中穿着彩衣窥见高绝的栈道（当时当地人与苗族互相仇杀），山峰上的战角隐在孤城之中。严整冠履，以礼仪来节制华夷，不要说殊方之人不需要这些。

兴隆卫书壁

山城高下见楼台，野戍参差暮角摧。贵竹路从峰顶入，夜郎人自日边来。莺花夹道惊春老，雉堞连云向晚开。尺素屡题还屡掷，衡南那有雁飞回？

译文

山城很高向下看到楼台，士兵参差不齐，夜晚的战角催人行进。竹径通向峰顶，夜郎人从远方赶来。莺花夹道惊觉春天将过，城墙高耸入云，晚间打开。频频写信寄信，衡南哪有大雁带来回信呢？

七盘

鸟道萦纡下七盘，古藤苍木峡声寒。境多奇绝非吾土，时可淹留是谪官。犹记边峰传羽檄，近闻苗俗化衣冠。投簪实有居夷志，垂白难承菽水欢。

译文

鸟道迂回萦绕从七盘山下去，古藤老树，峡谷里的声音凄寒。此地有很多神景但不是故乡，淹留在此的多是被贬谪的官吏。犹记得边地传来紧急檄文，近来听说苗人移风易俗也重视礼乐衣冠。丢弃官职想要住在这夷狄之地，但那样的话年老的双亲就难以享受到儿女奉养的欢心！

初至龙场无所止结草庵居之

草庵不及肩，旅倦体方适。开棘自成篱，土阶漫无级。迎风亦萧疏，漏雨易补缉。灵濑响朝湍，深林凝暮色。群獠环聚讯，语庞意颇质。鹿豕且同游，兹类犹人属。污樽映瓦豆，尽醉不知夕。缅怀黄唐化，略称茅茨迹。

译文

草庵还没有肩膀高，旅途疲倦，身体刚感到舒适。分开的荆棘自成篱笆，土台阶分不清级别。迎着风也感到凄凉寥落，屋子漏水赶紧修补。早晨响起灵动的水流声，晚上树林中凝结暮色。野兽环绕在周边，发出的声音庞杂质朴。与鹿和猪相处，他们与人很相似。土酒杯映照着瓦制食器，尽情畅饮喝醉了，忘记朝夕。缅怀远古的黄帝唐尧，他们也曾有居住在茅屋的遗迹。

始得东洞遂改为阳明小洞天三首

古洞閟荒僻，虚设疑相待。披莱历风磴，移居快幽垲。营炊就岩窦，放榻依石垒。穹窒旋薰塞，夷坎仍洒扫。卷帙漫堆列，樽壶动光彩。夷居信何陋，恬淡意方在。岂不桑梓怀？素位聊无悔。

译文

古洞荒凉幽僻，在此处仿佛在等待人来一般。分开草丛沿着石阶来到这里，移居到这幽静的古洞很快意。在岩边准备做饭，在石壁旁放置床榻。堵塞老鼠出没的洞穴，理平门槛洒扫洞内。书随意堆起排列，酒杯水壶闪发着光彩，在夷地居住条件简陋，恬淡随意才是追求。岂能不怀念家乡，尽忠职守没有后悔。

童仆自相语，洞居颇不恶。人力免结构，天巧谢雕凿。清泉傍厨落，翠雾还成幕。我辈日嬉偃，主人自愉乐。虽无棨戟荣，且远尘嚣聒。但恐霜雪凝，云深衣絮薄。

译文

童仆自言自语，住在山洞里很不错，免除了人力建房屋，天工巧开不须雕刻开凿，清泉依傍着厨房落下，翠绿的雾气还结成了帘幕。我们每天嬉戏玩乐，主人自己欢愉快乐，虽然没有仪仗队簇拥的荣耀，但是远离了尘世喧嚣，只是担心霜雪凝结以后，云深之处，衣服单薄，难于承受。

我闻莞尔笑，周虑愧尔言。上古处巢窟，抔饮皆污樽。沍极阳内伏，石穴多冬暄。豹隐文始泽，龙蛰身乃存。岂无数尺榱，轻裘吾不温。邈矣箪瓢子，此心期与论。

译文

我听后莞尔一笑，你考虑周到，令人太惭愧。上古之人居住在巢穴洞窟中，饮食器具都很简陋，寒气凝结阳气内藏，石洞内冬日很温暖。豹子隐藏起来，花纹才开始光亮，龙蛰伏生命才得以保存。难道没有几尺长的椽子吗，身着轻裘衣，我还不温暖吗？箪食瓢饮的颜回太遥远，我期盼着能与他言说心意。

谪居粮绝请学于农将田南山永言寄怀

谪居屡在陈，从者有愠见。山荒聊可田，钱镈还易办。夷俗多火耕，仿习亦颇便。及兹春未深，数亩犹足佃。岂徒实口腹，且以理荒宴。遗穗及鸟雀，贫寡发余羡。出耒在明晨，山寒易霜霰。

译文

我屡次谪居在陈地，随从的人不太高兴。荒山还可以用来耕作，农具还容易置办。夷地的风俗多用火耕，我模仿这种习俗也很是方便。趁着还没到晚春，抓紧时间耕种这几亩土地，难道只为了满足口腹吗，还要整治出简单的宴席。遗下的麦穗，送给鸟雀，贫穷孤寡之人发放余粮，明天早晨要去耕种，山中严寒，容易有霜结雪落。

观稼

下田既宜稌，高田亦宜稷。种蔬须土疏，种蓣须土湿。寒多不实秀，暑多有螟螣。去草不厌频，耘禾不厌密。物理既可玩，化机还默识。即是参赞功，毋为轻稼穑。

译文

地势低的田适合种稻子，地势高的田适合种稷谷。种蔬菜需要的土质疏松，种山药需土地湿润。寒冷的地方开不了花，暑天多有螟虫和小青虫。要不厌其烦地除草，要密集频繁地治理禾苗。事物发展的道理可以理解，造化的关键需要用心认识。即使有赫赫功劳，也不要轻视农作。

采蕨

采蕨西山下，扳援陟崔嵬。游子望乡国，泪下心如摧。浮云塞长空，颓阳不可回。南归断舟楫，北望多风埃。已矣供子职，勿更贻亲哀。

译文

在西山下采蕨，爬上高大陡峭的山峰。游子望着家乡，泪水流下心中哀伤。浮云充塞在长空，落山的太阳不可返回。向南归去船桨断，向北望多有大风土尘。算了吧，好好供职吧！不要令父母悲哀。

猗猗

猗猗涧边竹，青青岩畔松。直干历冰雪，密叶留清风。自期永相托，云壑无违踪。如何两分植，憔悴叹西东。人事多翻覆，有如道上蓬。惟应岁寒意，随处还当司。

译文

山涧边的竹子茂盛，山岩旁的松树青青。树干经历了冰雪，茂密的叶子留住清风。我期望与它们永远相互依托，行迹不要远离云壑。为什么两地分别种植，叹息各分西东。人事多无常，好像道路上的飞蓬。只有回应松柏的美意，与它一起归隐山林。

南溟

南溟有瑞鸟，东海有灵禽。飞游集上苑，结侣珍树林。愿言饰羽仪，共舞箫韶音。风云忽中变，一失难相寻。瑞鸟既遭縻，灵禽投荒岑。天衢雨雪积，江汉虞罗侵。哀哀鸣索侣，病翼飞未任。群鸟亦千百，谁当会其心。南岳有竹实，丹溜青松阴。何时共栖息，永托云泉深。

译文

南溟有祥鸟，东海有灵禽，它们飞来栖息在上苑，在珍贵树林中结成伴侣，愿意为礼仪提供装点用的羽毛，和着《箫韶》之曲共同起舞，风云突然变化，一时失散难找寻。祥鸟已经遭遇灾难。灵禽投入荒山，天衢上雨雪堆积，银河中张开罗网，苦苦鸣叫寻找伴侣，羽翼生病不堪飞行，群鸟也有千百种，有谁会理解它的心？南岳有竹子结出果实，仙水让松树茂盛，什么时候能共同栖息？永远托身在云深处。

溪水

溪石何落落，溪水何泠泠。坐石弄溪水，欣然濯我缨。溪水清见底，照我白发生。年华若流水，一去无回停。悠悠百年内，吾道终何成。

译文

溪中的石头众多，溪中的水声泠泠。坐在石上抚弄溪水，高兴地用它来洗帽带。溪中的水清澈见底，映照着我生出的白头。年华像流水，一去不能返回停止。悠悠的百年中，我的道义什么时候才能实现。

龙冈新构

诸夷以予穴居颇阴湿，请构小庐。欣然趋事，不月而成。诸生闻之，亦皆来集，请名“龙冈书院”，其轩曰“何陋”。

译文

当地的人认为我住的洞穴很是阴冷潮湿，请求为我修建小房子，他们很高兴地来做这件事，不满一月便完成。诸位门生听说，都来集会，请求命名为“龙冈书院”，堂名为“何陋”。

谪居聊假息，荒秽亦须治。凿巘薙林条，小构自成趣。开窗入远峰，架扉出深树。墟寨俯逶迤，竹木互蒙翳。畦蔬稍溉锄，花药颇杂莳。宴适岂专予，来者得同憩。轮奂非致美，毋令易倾敧。

译文

贬官居住于此聊作休养，在荒凉之地也需整治房屋，凿山除草，建起小房子自相成趣。推开窗户看到远处山峰，打开门扉见到深林。村落寨子逶迤相连，林木互相掩映，田地中的蔬菜略作灌淋打理，芍药与其他花朵杂相栽种，宴乐安处岂止我专享，来访的人都能得以小憩。屋子虽不美，也不要令它倾倒。

营茅乘田隙，洽旬始苟完。初心待风雨，落成还美观。锄荒既开径，拓樊亦理园。低檐避松偃，疏土行竹根。勿剪墙下棘，束列因可藩。莫撷林间萝，蒙笼覆云轩。素缺农圃学，因兹得深论。毋为轻鄙事，吾道固斯存。

译文

在农闲时营建茅屋，正好一个月建成。开始只为抵挡风雨，落成后还可以作为美景观看。锄地开荒辟出一条小路，开拓樊篱清扫田园，低低的屋檐避开了松树，疏松土地令中竹子根系舒展，不要剪去墙下的荆棘，整理捆扎后可以做篱笆，不要摘林间的萝藤，它们交织在一起可覆盖房子。我平时缺乏农作学问，因此得出这番结论。不要轻忽农事，我的道义正是因为这些小事而存在的。

诸生来

简滞动罹咎，废幽得幸免。夷居虽异俗，野朴意所眷。思亲独疚心，疾忧庸自遣。门生颇群集，樽斝亦时展。讲习性所乐，记问复怀靦。林行或沿涧，洞游还陟巘。月榭坐鸣琴，云窗卧披卷。澹泊生道真，旷达匪荒宴。岂必鹿门栖，自得乃高践。

译文

因为性格单纯愚钝动辄得咎，陷入囚禁还有幸免难。居住在夷地虽风俗相异，但此处随意质朴令我眷念。唯独思念起父母心情内疚，忧愁痛心，自我谴责。门生常来聚会，也经常聚餐饮酒。讲习传授学问是我所乐之事，仍修习记问之学心中羞愧。沿着山涧在林中行走，去洞中游玩越过山峰。月光下坐在台子上弹琴，云进入窗中躺着看书。淡泊才能生出道的真谛，旷达并非荒诞。不必非要在鹿门栖居，欣然自得就是隐士高行了。

西园

方园不盈亩，蔬卉颇成列。分溪免瓮灌，补篱防豕蹢。芜草稍焚薙，清雨夜来歇。濯濯新叶敷，荧荧夜花发。放锄息重阴，旧书漫披阅。倦枕竹下石，醒望松间月。起来步闲谣，晚酌檐下设。尽醉即草铺，忘与邻翁别。

译文

见方的园子不足一亩，蔬菜花卉排列成行。分流的小溪穿过不需拿器皿灌田，修补篱笆防止野猪来侵扰。焚烧杂草，清凉的雨落下，入夜歇息。闪着水光的新叶长铺展开，夜里的花荧荧开放。放下锄头在重荫下休息，任意阅读旧书。倦了枕着石头在竹子下休息，醒来望着松间明月。起身闲步歌唱，晚上在房檐下小酌。醉后就睡倒在草地上，忘了与邻居老翁道别。

水滨洞

送远憩岨谷，濯缨俯清流。沿溪涉危石，曲洞藏深幽。花静馥常，溜暗光亦浮。平生泉石好，所遇成淹留。好鸟忽双下，从鱼亦群游。坐久尘虑息，澹然与道谋。

译文

送人远行憩息在山谷中，俯身用清水洗帽带，沿着溪流踩在危石上，山洞曲折幽深。花儿静谧香气浓郁，洞内光滑昏暗有光线浮动。我平生喜爱泉石，常常在此中逗留。好鸟忽然双双飞下，鱼也成群游动。坐得久了，尘世的思虑都消歇，恬淡地思考天道。

山石

山石犹有理，山木犹有枝。人生非木石，别久宁无思！愁来步前庭，仰视行云驰。行云随长风，飘飘去何之？行云有时定，游子无还期。高梁始归燕，题鹅已先悲。有生岂不苦，逝者长若斯。已矣复何事，商山行采芝。

译文

山石有纹理，山木有枝条。人不是木头和石头，分别久了难道没有思念吗？忧愁时到前庭散步，仰头看云在空中飘荡。飘动的云随着大风，要飘向哪里。飘动的云有停止的时候，游子还没有归家的日期。高梁上的燕子刚归来，题鹅已经开始伤悲。人生在世岂能不苦，逝去的人就如同这山石。还能做什么事呢，不如学商山四皓归隐采灵芝。

无寐二首

烟灯暧无寐，忧思坐长往。寒风振乔林，叶落闻窗响。起窥庭月光，山空游罔象。怀人阻积雪，崖冰几千丈。

译文

烟灯昏暗我无眠，坐起来忧愁深重，寒风吹动高大的树林，叶子落下听到窗外的响声。起身看那庭院里的月光，山中空旷，木石之怪游荡。怀念的人被积雪阻隔，崖上结的冰有几千丈。

其二

穷厓多杂树，上与青冥连。穿云下飞瀑，谁能识其源？但闻清猿啸，时见皓鹤翻。中有避世士，冥寂栖其巅。繄予亦同调，路绝难攀缘。

译文

悬崖上长着许多杂乱的树，向上与青天相连。飞瀑穿过云间落下，谁能辨别它的源头。只听到猿在长啸，有时见到鸿鹄白鹤飞翔。山中有避世的人，专心安静在山巅上栖息。只有我与之相同，山路险绝难于攀登。

诸生夜坐

谪居澹虚寂，眇然怀同游。日入山气夕，孤亭俯平畴。草际见数骑，取径如相求。渐近识颜面，隔树停鸣驺。投辔雁鹜进，携榼各有羞。分席夜堂坐，绛蜡清樽浮。鸣琴复散帙，壶矢交觥筹。夜弄溪上月，晓陟林间丘。村翁或招饮，洞客偕探幽。讲习有真乐，谈笑无俗流。缅怀风沂兴，千载相为谋。

译文

贬居在此恬淡空虚，遥远地想起一起出游的情形。夕阳西下，山笼罩在夕照中，从孤亭俯视平野，见到草地上数匹马，走过去求见骑马的人，走近了看清了面容，隔着树拴好鸣叫的马，扔掉马鞭随雁鹭进山，我们各自携带着酒和菜肴，在席子上各自就座，燃起红烛，清酒在杯中浮动。鸣琴翻书觥筹交错。夜间抚弄溪中的月影，早晨登上林间的小山。村翁招呼饮酒，洞中游人同去探寻幽奇。研讨学习有真正的快乐，谈笑话语中没有庸俗之流。缅怀孔子与学生讲学时的兴盛，千年之下我们与古人不谋而合。

艾草次胡少参韵

艾草莫艾兰，兰有芬芳姿。况生幽谷底，不碍君稻畦。艾之亦何益？徒令香气衰。荆棘生满道，出刺伤人肌。持刀忌触手，睨视不敢挥。艾草须艾棘，勿为棘所欺。

译文

除草不要除去兰花，兰花有芬芳姿态。何况生在幽谷底，不影响稻田。除去它有什么益处呢只使兰花的香气衰减。荆棘长满了道路，能刺伤人的肌肤，拿着刀怕扎手，斜视不敢挥刀。除草要除去荆棘，不要被荆棘所欺负。

凤雏次韵答胡少参

凤雏生高厓，风雨摧其翼。养疴深林中，百鸟惊辟易。虞人视为妖，举网争弹弋。此本王者瑞，惜哉谁能识！吾方哀其穷，胡忍复相亟？鸱枭据丛林，驱鸟恣搏食。嗟尔独何心？枭凤如白黑。

译文

凤雏生在高高的山崖，风雨摧残它的羽翼。它在深林中养病，百鸟都惊恐躲避。虞人把它视为妖怪，拿出网来争相捕捉。这本是王者的瑞祥之兆，可惜没有人能够识别，我正哀叹感慨它穷途末路，怎么忍心再伤害它呢。鸱鹰盘踞在林中、驱逐鸟儿，恣意捕食，究竟是何居心啊，对待凤凰与枭鸟如颠倒黑白。

鹦鹉和胡韵

鹦鹉生陇西，群飞恣鸣游。何意虞罗及？充贡来中州。金绦縻华屋，云泉谢林丘。能言实阶祸，吞声亦何求！主人有隐寇，窃发闻其谋。感君惠养德，一语思所酬。惧君不见察，杀身反为尤。

译文

鹦鹉生在陇西，成群飞翔任意鸣叫，没有想到落入罗网中，作为贡品而来到中州。用金带子拴在华美的房里，告别了山林云泉。能学人说话招致灾祸，忍气吞声是为了什么。主人家里藏了贼寇，鹦鹉发现了他们的阴谋。它感念主人的惠养之恩，将把贼寇的事告诉主人。又怕主人不相信，自己反而因过错被杀害。

诸生

人生多离别，佳会难再遇。如何百里来，三宿便辞去？有琴不肯弹，有酒不肯御。远陟见深情，宁予有弗顾？洞云还自栖，溪月谁同步？不念南寺时，寒江雪将暮？不记西园日，桃花夹川路？相去倏几月，秋风落高树。富贵犹尘沙，浮名亦飞絮。嗟我二三子，吾道有真趣。胡不携书来，茆堂好同住。

译文

人生多离别，很难再能相会。为什么从百里之外赶来，留宿三天后就要告辞？有琴不愿弹奏，有酒不愿饮用。远处跋涉而来可见深情，是我照顾不周吗？独自栖息在云雾缭绕的洞中，谁与我在月下溪边漫步？不记得在南寺时吗？寒江上飘着雪，天将黑了。不记得在西园的日子吗？桃花夹道。相别倏忽间已经有几个月，秋风吹落了高树的叶子，富贵如同浮尘灰尘，浮名也像飞絮。嗟叹我的这二三位朋友，我等追求的道义是有真正的乐趣的，何不带着书前来，同住茅草堂。

游来仙洞早发道中

霜风清木叶，秋意生萧疏。冲星策晓骑，幽事将有徂。股虫乱飞掷，道狭草露濡。倾暑特晨发，征夫已先途。淅米石间溜，炊火岩中庐。烟峰上初日，林鸟相嘤呼。意欣物情适，战胜癯色腴。行乐信宇宙，富贵非吾图。

译文

霜风吹落树木的叶子，秋意渐浓生出萧条之感。早晨乘着启明星驱马前行，将去寻幽探奇。小虫乱飞，道路狭窄，露珠沾湿野草，暑天很热特意早晨出发，征夫已在途中了。在石间流水中淘米，在山岩中的房里生火做饭，云雾弥漫的山峰上太阳刚升起来，林中的鸟儿互相鸣叫。心中愉悦，万物令人舒适，清瘦的面容逐渐丰腴起来，信步在天地间游乐，富贵不是我所要追求的。

别友

幽寻意方结，奈此世累牵。凌晨驱马别，持杯且为传。相求苦非远，山路多风烟。所贵明哲士，秉道非苟全。去矣崇令德，吾亦行归田。

译文

刚打算去探寻幽奇，又被世事连累牵制。凌晨骑马与友人告别，拿起酒杯践行。相隔虽不远，但山路中多有风尘烟雾阻隔，那些我所倾慕的哲人名士，秉守道义不是苟全求生。走吧要修炼美德，我也要回归田园了。

赠黄太守澍

岁宴乡思切，客久亲旧疏。卧病闭空院，忽来故人车。入门辨眉宇，喜定还惊吁。远行亦安适，符竹膺新除。荒郡号难理，况兹征索余。君才素通敏，窘剧宜有纾。蛮乡虽瘴毒，逐客犹安居。经济非复事，时还理残书。山泉足游憩，鹿麋能友予。澹然穹壤内，容膝皆吾庐。惟营垂白念，旦夕怀归图。君行勉三事，吾计终五湖。

译文

年末宴会让我思乡心切，客行在外时间太久，亲朋好友都疏远了。卧于病榻关闭庭院，老朋友的车忽然来到。进门辨清朋友的面容，高兴完又惊叹。我远行到此还算安居，张贴的符竹也换成新的了。偏僻的郡县号称难治，又何况还有各种征收索要。但你素来通达敏捷，窘境应该缓解了吧。蛮夷之乡虽有瘴毒，被放逐的人还可安心居住。经世济国不再是我的事，时时整理旧书。山泉足够令人游玩憩息，鹿和獐子可以和我做朋友。在这块土地上淡泊宁静，有容膝之地就是我的房子。唯独劳家里老人挂念，我早晚总计划回家去。先生勉励我几件事，我决心归隐五湖。

寄友用韵

怀人坐沉夜，帷灯暧幽光。耿耿积烦绪，忽忽如有忘。玄景逝不处，朱炎化微凉。相彼谷中葛，重阴殒衰黄。感此游客子，经年未还乡。伊人不在目，丝竹徒满堂。天深雁书杳，梦短关塞长。情好矢无数，愿言觊终偿。惠我金石编，徽音激宫商。驰辉不可即，式尔增予伤。馨香袭肝膂，聊用心中藏。

译文

在深夜里怀念友人，帷帐中的灯闪着温暖而幽暗的光。郁积了许多烦躁的情绪，忽然像是忘了什么一般。夜色消逝不停留，炎热变作微微的凉意。看那谷中的葛藤，在重重树荫下，衰败发黄枯死。感慨客行的游子，几年没有回家乡。看不到他的身影，只有丝竹乐声满堂。天高鸿雁少传书，关塞漫长梦境短。心情好时不停射箭，希望愿望都能实现。恩惠赠予我金石编，弹奏出美妙的琴音。逝去的时光不可追，只是增加我的忧伤。朋友的芳德真心实意，姑且在心中珍藏。

秋夜

树暝栖翼喧，萤飞夜堂静。遥穹出晴月，低檐入峰影。窅然坐幽独，怵尔抱深警。年徂道无闻，心违迹未屏。萧瑟中林秋，云凝松桂冷。山泉岂无适？离人怀故境。安得驾云鸿，高飞越南景。

译文

天黑了栖息在树上的鸟喧闹，萤火虫飞过，庭堂安静，晴朗的月亮从遥远的天际升起，低低的房檐被山峰的影子笼罩，我安静的独坐，担忧害怕心中戒惧。年华消逝，道理还未明白，有违背本心之处还没有被除去。秋天林中萧瑟，云朵不动松桂冰凉，我没有去寻访山泉吗？只是离别的人怀念故乡。什么时候能够驾着云中鸿雁，高飞越过南国。

采薪二首

朝采山上荆，暮采谷中栗。深谷多凄风，霜露沾衣湿。采薪勿辞辛，昨来断薪拾。晚归阴壑底，抱瓮还自汲。薪水良独劳，不愧食吾力。

译文

早晨采山上的荆木，晚上采谷中的栗子。深谷中多有凄凉的风，霜露打湿了衣服。采薪不要怕辛苦，昨天来拾取断掉的柴薪。晚上回到阴凉的沟底，抱着瓦器自己汲水喝。劈柴取水要自己动手，自食其力不惭愧。

倚担青厓际，历斧厓下石。持斧起环顾，长松百余尺。徘徊不忍挥，俯略涧边棘。同行笑吾馁，尔斧安用历？快意岂不能？物材各有适。可以相天子，众稚讵足识。

译文

挑着担子靠在青崖边，在厓下的石头上磨斧子。拿着斧头四处环视，高大的松树有一百多尺高。徘徊许久，不忍砍树，俯身采涧边的荆棘。同行的人笑我气馁，你哪里用得着磨斧子？又不能快意地砍树。怎么会因此不快呢？物材各有自己的用处，可以辅佐天子，众人幼稚怎会意识到这个道理呢！

龙冈谩兴五首

投荒万里入炎州，却喜官卑得自由。心在夷居何有陋？身虽吏隐未忘忧。春山卉服时相问，雪寨蓝舆每独游。拟把犁锄从许子，谩将弦诵止言游。

译文

进入万里之外荒凉的炎州，却因为官位卑微得到了自由高兴。心在夷地停留有什么可鄙陋的？身虽隐居，不敢忘国忧。常穿着彩衣探访春山，独自穿过竹桥到雪寨中游玩。想带着犁和锄追随许由，与子游一同听孔夫子弦歌雅乐。

旅况萧条寄草堂，虚檐落日自生凉。芳春已共烟花尽，孟夏俄惊草木长。绝壁千寻凌杳霭，深厓六月宿冰霜。人间不有宣尼叟，谁信申韩未是刚？

译文

旅行拜访萧条之地，寄居在草堂，太阳落山，凌空的屋檐上自生凉意。春天已经和烟花一同过去，时已孟夏惊觉草木已长大。绝壁高千寻凌驾于幽暗的云雾上，住在深深的崖下六月已有冰霜。人间如果没有孔子讲过无欲则刚，谁相信申不害和韩非所宣扬的法家思想不是真正的刚强的呢？

路僻官卑病益闲，空林惟听鸟间关。地无医药凭书卷，身处蛮夷亦故山。用世谩怀伊尹耻，思家独切老莱斑。梦魂兼喜无余事，只在耶溪舜水湾。

译文

道路偏僻官位卑下病情更重了，在空旷的林中只听到鸟叫。此地缺医少药只能借助书卷查找疗法。身处蛮夷之地也算是故乡，见月于世想到伊尹曾被放逐桐宫遭受的耻辱，思念家乡更体会到老莱子彩衣娱亲的恳切，欣喜的是梦中无他事，能安处在隐居的水湾边。

卧龙一去忘消息，千古龙冈漫有名。草屋何人方管乐，桑间无耳听咸英。江沙漠漠遗云鸟，草木萧萧动甲兵。好共鹿门庞处士，相期采药入青冥。

译文

卧龙离去后没有消息，千年的卧龙岗徒有名气。草屋中何人刚才奏乐，在桑田间再听尧乐《咸池》与帝喾乐《六英》，江沙迷蒙云中的鸟留步，草木萧萧有声，有士兵出动。约好在鹿门与庞处士一起，约好一同上天采仙药。

归与吾道在沧浪，颜氏何曾击柝忙？枉尺已非贤者事，斫轮徒有古人方。白云晚忆归岩洞，苍藓春应遍石床。寄语峰头双白鹤，野夫终不久龙场。

译文

我志在归隐如沧浪老人一般，颜回何曾为战事奔忙？枉尺直寻已不是贤者们所做的事，古人才有斫轮的高妙技艺。夜晚白云也要回归到岩洞，苍绿的苔藓到了春天应该长满石床。峰顶两只白鹤向我寄语，说这山村野夫终究不会在龙场久留。

答毛拙庵见招书院

野夫病卧成疏懒，书卷长抛旧学荒。岂有威仪堪法象？实惭文檄过称扬。移居正拟投医肆，虚席仍烦避讲堂。范我定应无所获，空令多士笑王良。

译文

我这山野村夫躺在病榻上久了变得疏懒，抛开书卷日久学问都荒废了。哪还有什么威仪能为学子的榜样？实在是惭愧，文檄上的语言过誉了。我正准备移居去医药铺，却劳烦贵书院虚席相待，我却要避开上讲堂。向我学习肯定无所收获，只能让士人讥笑如王良那样汲汲于仕宦。

老桧

老桧斜生古驿傍，客来系马解衣裳。托根非所还怜汝，直干不挠终异常。风雪凛然存节概，刮摩聊尔见文章。何当移植山林下，偃蹇从渠拂汉苍。

译文

老桧斜生在古驿旁，客人到来拴马，解开衣裳。由根生不是好地方，让人怜惜，树干直挺不屈终归与众不同。风雪之中凛然而立有高节气概，略微刮磨就可看到美好的纹理。为何不移植到山林下，高高直立在水渠旁，枝条伸展向河汉天空去。

却巫

卧病空山无药石，相传土俗事神巫。吾行久矣将焉祷？众议纷然反见迂。积习片言容未解，舆情三月或应孚。也知伯有能为厉，自笑孙侨非丈夫。

译文

病躺在空山，无药可用，相传当地风俗是信奉神巫，我生病很久了哪里用去祷告？众人议论纷纷，反而显得迂腐。积习用只言片语是消除不掉的，向众人说上几个月或许可能相信。也知道巫师有能够降下祸患，只是我自己笑公孙侨仍相信魂魄不死可以作祟不是真丈夫。

过天生桥

水光如练落长松，云际天桥隐白虹。辽鹤不来华表烂，仙人一去石桥空。徒闻鹊驾横秋夕，谩说秦鞭到海东。移放长江还济险，可怜虚却万山中。

译文

水光如丝帛散落在高大的松树上，化为仙鹤的辽东丁令威不来，华表已经毁烂，仙人离去后石桥空荡荡。只听说喜鹊在七夕夜架起长桥，也有传说神人助秦始皇在东海上架设石桥，把桥移到长江中还可以用来渡过天险，可怜天生桥虚设在万山中无他用。

南霁云祠

死矣中丞莫谩疑，孤城援绝久知危。贺兰未灭空遗恨，南八如生定有为。风雨长廊嘶铁马，松杉阴雾卷灵旗。英魂千载知何处？岁岁边人赛旅祠。

译文

不要再怀疑南霁云已死，孤城的援助被断绝时间久了就知道危险。贺兰山有胡贼未灭空留遗恨，南霁云若还活着定然要去有一番作为。长廊立在风雨中，铁马嘶鸣，阴沉沉的烟雾笼罩着松树、杉树，灵旗翻卷。这千年来南霁云的英魂不知在何处？每年边境上的人民争相到祠中来祭祀。

春晴

林下春晴风渐和，高岩残雪已无多。游丝冉冉花枝静，青壁迢迢白鸟过。忽向山中怀旧侣，几从洞口梦烟萝。客衣尘土终须换，好与湖边长芰荷。

译文

林中的春光明媚风渐渐暖和，高山上的残雪已不多。蛛丝柔软垂下花枝安静，白鸟飞过远方的青山。忽到山中怀念旧日的朋友，几次在洞口梦到了茂密的藤萝草树。客行所穿的衣服和沾满的尘土，终归要换下，好到湖边种菱角荷花。

陆广晓发

初日曈曈似晓霞，雨痕新霁渡头沙。溪深几曲云藏峡，树老千年雪作花。白鸟去边回驿路，青崖缺处见人家。遍行奇胜才经此，江上无劳羡九华。

译文

初升的太阳明亮如朝霞，渡口的沙洲上落雨初停还有痕迹。溪水曲折，云雾藏在峡谷中，千年老树上落雪似开化。白鸟飞到边地又回在驿站，青青的山崖断口处有人家。游遍了奇胜之景才经过此地，在江上自有美景，不必淡慕在九华山。

雪夜

天涯久客岁侵寻，茆屋新开枫树林。渐惯省言因病齿，屡经多难解安心。犹怜未系苍生望，且得闲为白石吟。乘兴最堪风雪夜，小舟何日返山阴?

译文

在天涯为客太久岁月逐渐过去，新修的茅屋正对着枫树林。因为牙齿生病，渐渐习惯了少说话，经历了许多磨难后，心境能安定。遗憾没有牵挂苍生之望，暂且得闲作白石吟。最可在风雪交加的夜晚乘兴而游，不知小船何日能返回到山阴?

元夕二首

故园今夕是元宵，独向蛮村坐寂寥。赖有遗经堪作伴，喜无车马过相邀。春还草阁梅先动，月满虚庭雪未消。堂上花灯诸弟集，重闱应念一身遥。

译文

故园今晚上是元宵节，我寂寥地独自坐在蛮地的村中。有赖于剩下来的经书作伴，很欢喜没有车马经过来邀请我。春来草阁中的梅花开放，月光洒满空明的庭院，雪未融化。堂上燃着花灯，各位弟弟聚集在一起，父母应该会牵挂我独身在遥远之地。

去年今日卧燕台，铜鼓中宵隐地雷。月傍苑楼灯彩淡，风传阁道马蹄回。炎荒万里频回首，羌笛三更谩自哀。尚忆先朝多乐事，孝皇曾为两宫开。

译文

去年的今天在燕台休息，夜半的铜鼓声仿佛平地中隐隐传来的雷声。月亮依傍着苑楼彩灯暗淡，风在阁道上吹拂，马返回来。万里炎荒之地上频频回首，三更时的羌笛声令人悲哀。还怀念先朝时的乐事，孝皇帝曾经为两宫上徽号。

家僮作纸灯

寥落荒村灯事赊，蛮奴试巧剪春纱。花枝绰约含轻雾，月色玲珑映绮霞。取办不徒酬令节，赏心兼是惜年华。何如京国王侯第，一盏中人产十家。

译文

荒村寂寥做灯的很稀少，蛮奴试着剪春纱。做出来的花枝绰约多姿，像含着轻柔的烟雾，月色中纸灯玲珑小巧映照彩霞。做纸灯不仅为了过节，赏心悦目也让人珍惜年华。哪像京城中王侯府第，一盏灯的价值就相当于十户中等人家的财产。

白云堂

白云僧舍市桥东，别院回廊小径通。岁古檜松存独干，春还庭竹发新丛。晴窗暗映群峰雪，清梵长飘高阁风。迁客从来甘寂寞，青鞋时过月明中。

译文

白云堂在市中桥的东边，别院回廊间有小径沟通，年岁久了屋檐旁的松树只留下枝干，春来竹子发出新丛。晴日里群峰的雪映照窗户，清亮的梵音飘远，高阁有风吹过。被贬谪来的客人一直以来甘于寂寞，穿着草鞋时常在明月下走过白云堂。

来仙洞

古洞春寒客到稀，绿苔荒径草霏霏。书悬绝壁留僧偈，花发层萝绣佛衣。壶榼远从童冠集，杖藜随处宦情微。石门遥锁阳明鹤，应笑山人久不归。

译文

古洞中春日寒冷访客稀少，绿色的青苔长满荒芜的小路，青草茂盛。绝壁上有题字和僧人留下的经文，花开在层叠的藤萝中在佛衣上绣花，青年提着茶壶、酒具前来聚集，拄着手杖行走跟随着他们，做官的心志淡了。锁起来石门、阳明洞的鹤，应该在笑我长久地不回来。

木阁道中雪

瘦马支离缘绝壁，连峰窅窕入层云。山村树瞑惊鸦阵，涧道雪深逢鹿群。冻合衡茅炊火断，望迷孤戍暮笳闻。正思讲习诸贤在，绛蜡清醅坐夜分。

译文

消瘦体弱的马沿着绝壁行进，连绵的山峰幽深进入层云中。山村中的树林昏暗鸦群被惊动，涧道中的雪很深，我遇到鹿群。天气寒冷将茅屋冻上，炊火也熄灭，孤单迷路的戍卒在黄昏时听到了胡笳声。正想着讲习的时候各位贤人都在，在红色的蜡烛光下分享清澈的美酒。

元夕雪用苏韵二首

林间暮雪定归鸦，山外铃声报使车。玉盏春光传柏叶，夜堂银烛乱檐花。萧条音信愁边雁，迢递关河梦里家。何日扁舟还旧隐，一蓑江上把鱼叉。

译文

黄昏时分下雪乌鸦回归林中，山外传来的铃声说明使者的车来到。玉杯中的柏叶酒闪着光泽，夜间堂上银烛闪烁，檐花杂乱。音信稀少，发愁不见边地有带书信的大雁，关河遥远常在梦里回到家乡。什么时候乘扁舟返回旧日归隐的地方，披着蓑衣在江上用鱼叉捕鱼。

寒威入夜益廉纤，酒瓮炉床亦戒严。久客渐怜衣有结，蛮居长叹食无盐。饥豺正尔群当路，冻雀从渠自宿檐。阴极阳回知不远，兰芽行见发春尖。

译文

身穿单薄的衣服在夜中更感到寒冷的威力，发威，夜里穿着廉价的织布有好处，暖酒的炉灶已封火了。长居的客人可怜衣服上起了结，在蛮地居住长叹息吃饭没有盐。饥饿的豺狼结群在路上挡道，冻坏的麻雀沿着水渠来到房檐下避寒。冷到了极点我知道阳气很快就要回还，会暖和起来了。走路的时候已看到兰花发出了春芽。

晓霁用前韵书怀二首

双阙钟声起万鸦，禁城月色满朝车。竟谁诗咏东曹桧，正忆梅开西寺花。此日天涯伤逐客，何年江上却还家？曾无一字堪驱使，谩有虚名拟八叉。

译文

双阙上的钟声把万只乌鸦惊起，禁城的月色照在上朝的车上。谁在作诗咏东边衙署中的桧树？正回忆西边寺中梅花开放的情形。什么时候从江上回家乡？我没有任何才能可供驱使，徒有类似于温庭筠的虚名。

涧草岩花欲斗纤，溪风林雪故争严。连岐尽说还宜麦，煮海何曾见作盐。路断暂怜无过客，病余兼喜曝晴檐。谪居亦自多清绝，门外群峰玉笋尖。

译文

山涧中的草与岩石上的花想比较谁更纤美，溪边的风与林中的雪争相显示威严。在分别的歧路间只说些适合种麦的话，谁曾见过如神话故事中秀才张羽煮海作盐之事。道路断绝，暂时没有过路的客人，病中之余喜欢在房檐下晒太阳。在此居住应该清静淡泊，门外的群峰如玉做的笋尖。

次韵陆佥宪元日喜晴

城里夕阳城外雪，相将十里异阴晴。也知造物曾何意，底是人心苦未平。柏府楼台衔倒景，茆茨松竹泻寒声。布衾莫谩愁僵卧，积素还多达曙明。

译文

城里夕阳满天，城外下着雪，相伴走了十里阴晴相异，造物主到底是什么样的意思？是人心的苦痛没有平息。御史台的楼台倒映在水中，寒风吹过茅屋中的松竹。盖着布被子担心睡觉冻僵，雪仍在下直到天明。

元夕木阁山火

荒村灯夕偶逢晴，野烧峰头处处明。内苑但知鳌作岭，九门空说火为城。天应为我开奇观，地有兹山不世情。却恐炎威被松柏，休教玉石遂同赪。

译文

荒村过元宵节，偶然遇上晴天，野火在峰头燃烧四处通明。在皇宫中之时只知道有鳌岭，在京城时空谈城周举火，形成火的围墙。上天应该使我看到山火奇观，此地的大山对我有世所罕见的情感。又担心炎火的威力把松柏都笼罩，不要教玉石遭难都被烧红。

夜宿汪氏园

小阁藏身一斗方，夜深虚白自生光。梁间来下徐生榻，座上惭无荀令香。驿树雨声翻屋瓦，龙池月色浸书床。他年贵竹传遗事，应说阳明旧草堂。

译文

住宿在一斗见方的小阁屋，夜深月光照进虚室生白光。把接待徐生那样的榻从梁上放下来，可惜座上没留下荀彧那样的异香。听见风吹驿树雨打屋瓦的声音，池塘的月色浸满堆着书的床铺。他年贵阳要搜传过去的事情，应该记下我住过的旧草堂。

春行

冬尽西归满山雪，春初复来花满山。白鸥乱浴清溪上，黄鸟双飞绿树间。物色变迁随转眼，人生岂得长朱颜！好将吾道从吾党，归把渔竿东海湾。

译文

冬天将尽，向西归大雪满山，春天刚到花朵开满了山。白鸥在清澈的溪流上随意清洗，黄鸟双双在绿树间飞翔。事物变化转眼而过，人生怎么能永保持年轻，将我的道传授给我的同伴，归去在东海湾中以钓鱼为乐。

村南

花事纷纷春欲酣，杖藜随步过村南。田翁开野教新犊，溪女分流浴种蚕。稚犬吠人依密槿，闲凫照影立晴潭。偶逢江客传乡信，归卧枫堂梦石龛。

译文

春天花纷纷开放，喝酒正酣，拄着手杖走村子南面。田翁到田野中训练新牛犊，溪女在河流中泡选蚕种。幼犬在密密的木槿旁朝人吠叫，悠闲的水鸟立在清澈的水潭边影子倒映在水中。偶然遇到江上来客捎来家信，归去后躺在枫堂上梦到了家中的石瓮。

山途二首

上山见日下山阴，阴欲开时日欲沉。晚景无多伤远道，朝阳莫更沮云岑。人归暝市分渔火，客舍空林依暮禽。世事验来还自领，古人先已得吾心。

译文

上山的时候看到太阳，下山的时候天阴下来，晚景不多了，为遥远的路途感到忧伤，早晨的太阳不要被云雾山峰挡住了。山行归来到夜市上，可以看到点点渔火，客舍在空旷的树林，夜晚时飞禽来栖息，在空荡荡的树林里。世上的事情到头来还要自己验证，才明白古代的人已经知道了我的心思。

南北驱驰任板舆，谪乡何地是安居？家家细雨残灯后，处处荒原野烧余。江树欲迷游子望，朔云长断故人书。茂陵多病终萧散，何事相如赋子虚？

译文

驾着板舆南北奔驰，贬谪到何地才能安居？家家被笼罩在细雨中，灯光惨淡，处处是火烧过的荒芜原野。江边的树影迷惑游子的望眼，北方的云隔断故人的书信。茂陵的司马相如多病闲散舒适，他是为何写《子虚赋》呢？

白云

白云冉冉出晴峰，客路无心处处逢。已逐肩舆度青壁，还随孤鹤下苍松。此身愧尔长多系，他日从龙谩托踪。断鹜残鸦飞欲尽，故山回首意重重。

译文

白云冉冉地从晴朗的山峰上升起来，在客行途中无意间处处与之相逢。已经放弃坐轿子而攀援青石壁，跟随孤鹤从苍松飞下来。此身愧对白云多挂念，他日要跟从龙托身在白云间。零星的野鸭乌鸦都将飞走了，回望故山心意重重。

答刘美之见寄次韵

休疑迁客迹全贫，犹有沙鸥日见亲。勋业已辞沧海梦，烟花多负故园春。百年长恐终无补，万里宁期尚得身。念我不劳伤鬓雪，知君亦欲拂衣尘。

译文

被贬之人的行迹少，还有可以沙鸥日日相见令人亲切。为了追求功业放弃了泛舟沧海的隐居生活，烟花辜负故乡家园的春色。常担心人生在世百年对世道没有任何补裨，处在万里之外的我还以期望全身保命。不要因挂念我而白头，我知道您也想拂去衣服上的尘土，去隐居生活。

寄徐掌教

徐稚今安在？空梁榻久悬。北门倾盖日，东鲁校文年。岁月成超忽，风云易变迁。新诗劳寄我，不愧鸟鸣篇。

译文

徐掌教如今在何处？房屋空置，床榻久悬。在北门时候我们曾倾盖相交，在东鲁曾有一同校文的岁月。时间忽然而过，风云容易变迁。劳您将新写成的诗寄我，不愧对鸟鸣篇的情谊。

书庭蕉

檐前蕉叶绿成林，长夏全无暑气侵。但得雨声连夜静，不妨月色半床阴。新诗旧叶题将满，老芰疏梧根共深。莫笑郑人谈讼鹿，至今醒梦两难寻。

译文

屋檐前的芭蕉已经绿荫成林，漫长的夏季里全无暑气的侵扰。夜晚安静只听得到雨声，不妨碍月色铺在半个床铺。题新诗将把旧叶上写满了，老菱角与疏落的梧桐根都很深。不要嘲笑郑人讼鹿计较名利得失，至今我分不清自己到底是梦是醒。

送张宪长左迁滇南大参次韵

世味知公最饱谙，百年清德亦何惭。柏台藩省官非左，江汉滇池道益南。绝域烟花怜我远，今宵风月好谁谈？交游若问居夷事，为说山泉颇自堪。

译文

您是最熟悉世上百味的人，百年来德行清廉有什么可惭愧？在柏台藩省做官不是最尊贵的，您到江汉滇池去，道义将会向南传播。在绝地的烟花可怜我居住遥远，今夜风清月圆与谁交谈？友人若询问我在夷地居住的情况，您替我回答在山水临泉间颇可自乐。

南庵次韵二首

隔水樵渔亦几家，缘冈石路入溪斜。松林晚映千峰雨，枫叶秋连万树霞。渐觉形骸逃物外，未妨游乐在天涯。频来不用劳僧榻，已僭汀鸥一席沙。

译文

隔着水面有几家渔夫、樵夫，石道沿着山冈斜斜延伸到溪水中，松林晚间辉映着雨中的群峰，秋天枫叶连着万树犹如云霞。渐渐感觉形骸逃逸到世外，不妨在天涯玩乐。多次前来不再睡在僧榻了，已占据了江鸥的一片沙丘。

斜日江波动客衣，水南深竹见岩扉。渔人收网舟初集，野老忘机坐未归。渐觉云间栖翼乱，愁看天北暮云飞。年年岁晚长为客，闲杀西湖旧钓矶。

译文

斜阳下江上的风波吹动客人的衣服，在江水南岸的深深竹林中看到了山中的屋子。渔人收回网，船刚聚集起来，山村野老与世无争坐着忘记回家。渐渐感到云间有将回去栖息的鸟羽翼纷乱，愁望天北面，暮色中的云彩飘飞。年年岁末我长时间可居他乡，空来愁杀旧日在西湖钓鱼坐的岩石。

观傀儡次韵

处处相逢是戏场，何须傀儡夜登堂？繁华过眼三更促，名利牵人一线长。稚子自应争诧说，矮人亦复浪悲伤。本来面目还谁识？且向樽前学楚狂。

译文

处处相逢都是演戏的场所，哪里还需要傀儡戏在夜间登堂。演着繁华景象到三更天更急促，名利像线一样牵着人（正如傀儡被线操纵）。看戏的稚子争相惊诧讨论，傀儡也夸张地表演悲伤，谁还知道傀儡本来面目呢？姑且拿起酒学楚狂接舆归隐吧。

徐都宪同游南庵次韵

岩寺藏春长不夏，江花映日艳于桃。山阴入户川光暮，林影浮空暑气高。树老岂能知岁月，溪清真可鉴秋毫。但逢佳景须行乐，莫遣风霜着鬓毛。

译文

岩间的寺庙藏着春意没有夏日，江花照映日光比桃花明艳。山的阴影投入屋中，川上的景物被暮色笼罩，树林的阴影浮动，暑气正浓。老树岂能知道岁月几何，溪流清澈见底可照鉴秋毫。遇到美景就要及时行乐，不要让风霜催人老。

即席次王文济少参韵二首

摇落休教感客途，南来秋兴未全孤。肝肠已自成金石，齿发从渠变柳蒲。倾倒酒怀金谷罚，逼真词格辋川图。谪乡莫道贫消骨，犹有新诗了旧逋。

译文

树叶摇落不要使令人在客行途中感伤，南方的秋天来临，人也不全然孤单，肝肠已经坚硬如同金石，牙齿头发如水渠边的柳蒲早早凋落了。尽情饮酒，如同古人在金谷园中集会赋诗不成就罚酒三杯，作词要如《辋川图》描绘的那样对周围景物描写逼真，在贬谪之地不要说贫穷使身体消瘦，还可以作诗来了结补偿以前的旧债。

此身未拟泣穷途，随处翻飞野鹤孤。霜冷几枝存晚菊，溪春两度见新蒲。荆西寇盗纡筹策，湘北流移入画图。莫怪当筵倍凄切，诛求满地促官逋。

译文

此身没有想过要像阮籍那样为穷途哭泣，如野鹤般孤单地四处飞翔。霜冷，还有几枝晚菊开着，两度在春天的溪边见到新生的蒲苇。荆州西边的贼寇令人费尽心力筹谋，湘江向北流景色如画。不要奇怪对着宴席倍觉凄凉，贼寇四处杀人催促官员去追捕。

赠刘侍御二首

蹇以反身，困以遂志。今日患难，正阁下受用处也。知之，则处此当自别。病笔不能多及，然其余亦无足言者。聊次韵。某顿首刘侍御大人契长。

译文

艰难时要反省自身，困境中能实现志向。今天患难，正是磨炼阁下的时候。知道这些道理，应自我加以分辨。病中提笔不能多谈及，然而也没有什么其他要说的，姑且以你的韵和诗。某顿首刘侍御大人契长。

相送溪桥未隔年，相逢又过小春天。忧时敢负君臣义，念别羞为儿女怜。道自升沉宁有定，心存气节不无偏。知君已得虚舟意，随处风波只晏然。

译文

相送到溪水桥还不满一年，相逢时又过小阳春了。忧愁时不敢辜负君臣道义，分别时候不愿如小儿女般涕泪沾巾，天道自浮沉没有定数，心中要保存气节不偏不倚。知道您已有恬淡旷达之意，处在何种风波之中都安宁。

夜寒

檐际重阴覆夜寒，石炉松火坐更残。穷荒正讶乡书绝，险路仍愁归梦难。仙侣春风怀越峤，钓船明月负严滩。未因谪宦伤憔悴，客鬓远羞镜里看。

译文

檐处重重阴影覆盖，夜间寒冷，在石炉内点燃松火久坐到更声残时。在穷荒之地惊叹家乡书信断绝，路途艰险在梦中仍发愁归乡难。贬谪之人在春风中怀念越地的山川，因不能归乡实在有负钓船明月和子陵滩，没有因为被贬官而憔悴，远远在镜子里不好意思地看鬓发。

冬至

客床无寐听潜雷，珍重初阳夜半回。天地未尝生意息，冰霜不耐鬓毛催。春添衮线谁能补，岁晚心丹自动灰。料得重闱强健在，早看消息报窗梅。

译文

睡在客床上无眠听隐隐的雷声，珍重冬至日初生的阳气回归，天地从未停息过生气，鬓毛不耐冰霜的摧残。春天里添了衮服谁能补缝，年终了心中感到沮丧。想到家乡的父母还健在，但愿早看到窗前的梅花来报告春来的音讯。

春日花间偶集示门生

闲来聊与二三子，单夹初成行暮春。改课讲题非我事，研几悟道是何人？阶前细草雨还碧，檐下小桃晴更新。坐起咏歌具实学，毫厘须遣认教真。

译文

闲时与两三位门生，像孔子赞叹的曾点，暮春时节穿上春服到溪水边游玩，改课讲题不是我的事，研究世间道理是何人？台阶前的草纤细，雨淋过更加碧绿，房檐下新生的桃花到了晴天更清新。行为举止歌咏赞颂应该有实学，对学问的掌握要准确不可有毫厘之差。

次韵送陆文顺佥宪

贵阳东望楚山平，无奈天涯又送行。杯酒豫期倾盖日，封书烦慰倚门情。心驰魏阙星辰迴，路绕乡山草木荣。京国交游零落尽，空将秋月寄猿声。

译文

从贵阳向东望去楚地的山峰平坦，无奈又在天涯送行。饮这杯酒期待与挚友再相聚，多寄书信宽慰我倚门等待的心情。心系如星辰一样遥远的朝堂，路途遥远乡山草木茂盛。在京交的朋友零落殆尽，只有将秋月寄托给啼叫的猿猴。

次韵陆佥宪病起见寄

一赋归来不愿余，文园多病滞相如。篱边竹笋青应满，洞口桃花红自舒。荷蒉有心还击磬，周公无梦欲删书。云间宪伯能相慰，尺素长题问谪居。

译文

吟诵《归去来兮辞》，再没有其他愿望，司马相如多病事业也受到阻滞。篱笆边上应该长满了青青的竹笋，洞口的桃花开放自由舒展，荷蒉曾问孔子有心击磬吗，孔子没有梦见周公还是做了删书的事情。书佥宪你寄书信来能宽慰我，在长信询问我谪居的情形。

次韵胡少参见过

旋管小酌典春裘，佳客真惭竟日留。长怪岭云迷楚望，忽闻吴语破乡愁。镜湖自昔堪归老，杞国何人独抱忧。莫讶临花倍惆怅，赏心原不在枝头。

译文

奏乐小酌为了待客典当了抵御春寒的皮衣，贵客能为这简陋的聚会停留一整天，真令我惭愧。常惊叹广岭的云雾模糊了楚地的山川，忽然听到了吴地的方言令人瞬间感到了乡愁，镜湖从来就是能归隐终老之地，是哪个杞国中人在独自忧愁。不要惊讶对着花儿倍加惆怅，因观赏的心并不在枝头上。

雪中桃次韵

雪里桃花强自春，萧疏终觉损精神。却惭幽竹节逾劲，始信寒梅骨自真。遭际本非甘冷淡，飘零须信委风尘。从来此事还希阔，莫怪临轩赏更新。

译文

雪中的桃花顽强开放，但天地寒冷萧条终究有损其精神。见到竹子挺拔的气节愈加挺拔刚劲，令人惭愧，才开始相信耐寒梅花有真风骨。遭到如此际遇，本来不是甘于冷淡，但花朵飘落只能委身风尘。雪中桃花开放从来都很少，莫要责怪人临窗赏新开的花。

舟中除夕二首

扁舟除夕尚穷途，荆楚还怜俗未殊。处处送神悬楮马，家家迎岁换桃符。江醪信薄聊相慰，世路多岐谩自吁。白发频年伤远别，彩衣何日是庭趋。

译文

在扁舟中度除夕之时，仍在穷途中，可喜楚地的风俗没有殊异之处。到处在送神悬挂楮马，家家为迎新年换了门前的桃符。江上只有薄酒聊作安慰，世上道路多有艰险，随意地自发感慨。白发暮年还要频频远别，什么时候身着彩衣回到家中听父亲的训示呢?

远客天涯又岁除，孤航随处亦吾庐。也知世上风波满，还恋山中木石居。事业无心从齿发，亲交多难绝音书。江湖未就新春计，夜半樵歌忽起予。

译文

在遥远的地方，游子又度过除夕，独自航行到处都是我的家。也知道世上风波迭起，还眷恋在山中用木石筑成的房子。无心事业任凭牙齿和毛发脱落、变白。亲友多苦难，彼此音讯全无，在江湖上没有考虑好新春的打算，夜半樵夫唱歌把我惊起。

溆浦山夜泊

溆浦山边泊，云间见驿楼。滩声回远树，崖影落中流。柳放新年绿，人归隔岁舟。客途时极目，天北暮阴愁。

译文

在溆浦山边停泊，从云间看到了驿楼。水声在远方的树林中回荡，山崖的影子倒映在江流之中。柳树在新的一年长出绿色的枝叶，人在舟上已有一年未归，在路途中时极目远望，日暮时北方阴沉令人忧愁。

过江门崖

三年谪宦沮蛮氛，天放扁舟下楚云。归信应先春雁到，闲心期与白鸥群。晴溪欲转新年色，苍壁多遗古篆文。此地从来山水胜，它时回首忆江门。

译文

三年来被贬官住在蛮地，老天放扁舟让我到楚地去。回乡的书信会比春雁先到，悠闲的心期待着与白鸥为伍。晴溪也要现出新年的气象，苍绿的石壁留下很多古代篆文。此地向来都以山水闻名，以后回过头来还会怀念江门。

辰州虎溪龙兴寺闻杨名父将到留韵壁间

杖藜一过虎溪头，何处僧房是惠休？云起峰头沉阁影，林疏地底见江流。烟花日煖犹含雨，鸥鹭春闲欲满洲。好景同来不同赏，诗篇还为故人留。

译文

拄杖经过虎溪头，哪一个僧房是惠休的？云从山峰头上升起，楼阁的影子落下，树林稀疏，见到地底处有江流。天气温暖，如同烟霞一般的花朵盛开犹如带着雨滴，鸥鹭在春天时候悠闲地飞来停满洲头，美好的光景同时来到眼前，各有赏心悦目处，写就诗篇留予故人。

武陵潮音阁怀元明

高阁凭虚台十寻，卷帘疏雨动微吟。江天云鸟自来去，楚泽风烟无古今。山色渐疑衡嶽近，花源欲问武陵深。新春尚沮东归棹，落日谁堪话此心？

译文

高高的阁楼凌于虚空上，有八十尺高，卷起帘子，稀疏的雨牵动诗兴。鸟在江面和云天之间自由来去，楚地的水泽风烟胜绝古今。山色令人怀疑是临近衡山，想要询问武陵桃花源有多远。新春之际，仍不能划船东归，落日中我的心情能与谁人诉说？

阁中坐雨

台下春云及寺门，懒夫睡起正开轩。烟芜涨野平堤绿，江雨随风入夜喧。道意萧疏惭岁月，归心迢递忆乡园。年来身迹如漂梗，自笑迂痴欲手援。

译文

台下春云飘到庙门口，懒惰的人睡醒，正打开门。云烟迷蒙的杂草长满田野，春来堤岸上又生新绿。江上的雨随风入夜雨声喧闹。路上萧条疏冷，岁月流逝令人惭愧，归心遥遥思念家乡的田园。连年在外身如漂流的叶柄，自己嘲笑自己迂腐痴迷，还想要去救苦救难。

霁夜

雨霁僧堂钟磬清，春溪月色特分明。沙边宿鹭寒无影，洞口流云夜有声。静后始知群动妄，闲来还觉道心惊。问津久已惭沮溺，归向东皋学耦耕。

译文

雨后放晴僧堂的钟磬声清脆，春天的溪水在明月的映照下清楚分明。宿居在沙滩边的鹭鸟，在寒冷中不见踪影，洞口有流云飘荡，夜里传来声响。在静谧中才知道各种意动都虚妄，闲来体会到道心惊醒。总去寻访探求早已有愧于隐居的长沮和桀溺了，归去跟着高僧东皋去学习耕种。

僧斋

尽日僧斋不厌闲，独余春睡得相关。檐前水涨遂无地，江外云晴忽有山。远客趁墟招渡急，舟人晒网得鱼还。也知世事终无补，亦复心存出处间。

译文

整日在僧斋中分外悠闲，只有春睡这一件事情。房檐前水上涨不见地面，江外的云散开，忽然看到了远山。远客在乡村集市上着急呼唤渡船，渔夫晒网，捕鱼而归。知道我对世间的事情没有补益，但心总是在出世入世间摇摆。

德山寺次壁间韵

乘兴看山薄暮来，山僧迎客寺门开。雨昏碧草春申墓，云卷青峰善卷台。性爱烟霞终是僻，诗留名姓不须猜。岩根老衲成灰色，枯坐何年解结胎。

译文

乘兴看到山色将近日暮，山僧打开寺门迎接客人，黄昏飘雨，碧绿的草掩盖着春申君的墓，白云聚散，青翠山峰，辉映着隐士善卷的楼台。性情喜爱烟霞终归鄙陋，诗篇留下姓和名不需要猜测。坐在岩下的老和尚面如死灰，枯坐到什么时候能结成金胎。

沅江晚泊二首

去时烟雨沅江暮，此日沅江暮雨归。水漫远沙村市改，泊依旧店主人非。草深廨宇无官住，花落僧房自鸟啼。处处春光萧索甚，正思荆棘掩岩扉。

译文

离开的时候，沅江暮时下着如烟细雨，此现在在暮色的雨中回到沅江，水漫过远处的沙滩，村庄和市镇改换颜面，停泊投宿在旧客店，主人也不是原来的人。官衙里长满草没有官员居住，花落到僧房里鸟独自鸣叫。处处是萧索的春光，正在思量用荆棘把石岩的门扉掩遮住。

春来客思独萧骚，处处东田没野蒿。雷雨满江喧日夜，扁舟经月住风涛。流民失业乘时横，原兽争群薄暮号。却忆鹿门栖隐地，杖藜壶榼饷东皋。

译文

春天到了，客人的思虑萧索忧愁，东边田中处处被野蒿淹没。雷雨落满江，雨声日夜喧闹，数月乘着扁舟在风波中行进，流民流离失所乘机作乱横行，原野上的野兽争夺首领之位，在薄暮时分嚎叫。想起鹿门归隐栖息的地方，拄着手杖，带着壶和杯子在东皋进餐。

夜泊江思湖忆元明

扁舟泊近渔家晚，茅屋深环柳港清。雷雨骤开江雾散，星河不动暮川平。梦回客枕人千里，月上春堤夜四更。欲寄愁心无过雁，披衣坐听野鸡鸣。

译文

傍晚扁舟停泊靠近渔夫家，茅屋环绕，柳港水流清澈，雷雨骤然停歇江上的雾气散去，星河不动暮色下的山川平坦。客居在外，在枕上梦回千里之外，四更时，月亮升到春堤之上。想要把我哀愁的心寄托，没有过往的大雁，披衣坐起听野鸡的鸣叫。

睡起写怀

江日熙熙春睡醒，江云飞尽楚山青。闲观物态皆生意，静悟天机入窅冥。道在险夷随地乐，心忘鱼鸟自流形。未须更觅羲唐事，一曲沧浪击壤听。

译文

江上阳光温暖，从春睡中醒来，江上的云飞尽，楚地山色青青。悠闲观看万物都充满了生机，静静领悟天机思虑进入到空虚中，道在险夷之处随地而乐，心忘记了鱼鸟，自与天地流形。不须再寻找伏羲及唐尧的旧事，聆听《沧浪歌》《击壤歌》就足够了。

三山晚眺

南望长沙杳霭中，鹅羊只在暮云东。天高双橹哀明月，江阔千帆舞逆风。花暗渐惊春事晚，水流应与客愁穷。北飞亦有衡阳雁，上苑封书未易通。

译文

南望长沙，在昏暗的云气之中，鹅羊山在晚上云彩的东面。摇着双桨对着高空的明月哀叹，江面广阔千只船帆逆风舞动。花色渐暗，惊觉已是晚春了，江水应该和游子的乡愁一同流走。向北方飞去的也有衡阳大雁，京城寄信不易送达。

鹅羊山

福地相传楚水阿，三年春色两经过。羊亡但有初平石，书罢惟笼道士鹅。礼斗坛空松影静，步虚台迥月明多。岩房一宿犹缘薄，遥忆开云住薜萝。

译文

鹅羊山这块福地相传是在楚水边，三年中两次在春天经过。没有羊但有仙人初平留下的石头，像王羲之一般写书法换山阴道士鹅。礼斗坛如今空空如也，松树的影子不动，步虚台远月光明亮。在山岩房子里住一宿，缘分太浅，遥远地回忆起在云间隐居的住所。

泗洲寺

渌水西头泗洲寺，经过转眼又三年。老僧熟认直呼姓，笑我清癯只似前。每有客来看宿处，诗留佛壁作灯传。开轩扫榻还相慰，惭愧维摩世外缘。

译文

渌水的西边是泗洲寺，上次经过至今转眼又三年。老和尚熟悉认识，直呼我的名字，他笑说我还是与以前一样清瘦。每次有客人来看住宿的地方，要在佛壁上题诗留作灯火的相传之证。开窗、扫床，还前来慰问，愧对与佛家维摩诘这世外的缘分。

再经武云观书林玉玑道士壁

碧山道士曾相约，归路还来宿武云。月满仙台依鹤侣，书留苍壁看鹅群。春岩多雨林芳淡，暗水穿花石溜分。奔走连年家尚远，空余魂梦到柴门。

译文

与碧山道士相约，归来时还要宿在武云观。月光洒满仙台，与仙鹤为伴，在苍壁下留书，观看鹅群。春天山中多雨，林中花朵晴淡。暗处的水流穿过花瓣，从石头缝中流过。连年奔波，离家乡依然遥远，只余下梦中能回到家乡的柴门前。

再过濂溪祠用前韵

曾向图书识面真，半生长自愧儒巾。斯文久已无先觉，圣世今应有逸民。一自支离乖学术，竞将雕刻费精神。瞻依多少高山意，水漫莲池长绿萍。

译文

曾到图书中寻找真面目，半生长自我感到愧对儒生身份。斯文不在，已经很久没有先知孔子那样的人了，三代圣世现在应该还有遗民。自己为学残缺支离乖违学术，忙着雕琢辞章白费精神。瞻仰依附高山圣人的用意，水浸满了莲花池长出了绿色的浮萍。

卷之二十　外集二

庐陵诗六首

正德庚午年三月迁庐陵尹作

游瑞华二首

簿领终年未出郊，此行聊解俗人嘲。忧时有志怀先达，作县无能愧旧交。松古尚存经雪干，竹高还长拂云梢。溪山处处堪行乐，正是浮名未易抛。

译文

终年工作，没有到过郊区之外，这一行姑且为了解除俗人的嘲弄。忧伤时心里怀念先贤，不能治理好辖县，愧对昔日的朋友。古松大雪之后树干尚存，竹子高大常还拂过云端。溪山处处是可以行乐，最不容易抛弃的是浮名。

其二

万死投荒不拟回，生还且复荷栽培。逢时已负三年学，治剧兼非百里才。身可益民宁论屈，志存经国未全灰。正愁不是中流砥，千尺狂澜岂易摧?

译文

冒死投身到荒地没打算回去，若活着回去再去种荷花。赶上这时候，已经辜负了三年的学习，面对混乱没有治理一县的才能，此身可以有益于民就不计较受了多少委屈，多年来经国治世的志向仍在未熄灭。正发愁自己不是中流砥柱，千尺高的狂澜哪里容易治服?

古道

古道当长阪，肩舆入暮天。苍茫闻驿鼓，冷落见炊烟。冻烛寒无焰，泥炉湿未燃。正思江槛外，闲却钓鱼船。

译文

古道在长长的山坡上，乘着肩舆走入黄昏。苍茫中听到驿站的鼓声，冷寂中望见了炊烟。天冷蜡烛冻住没有火焰，用泥作的炉子潮湿，不能燃烧。正在思量着在江栏的外面，闲置的钓鱼船。

立春日道中短述

腊意中宵尽，春容傍晓生。野塘冰转绿，江寺雪消晴。农事沾泥犊，羁怀听谷莺。故山梅正发，谁寄欲归情。

译文

夜半腊月的寒意尽消，春意在拂晓时显现。野外的水塘中，冰消水开始转绿，江边的寺庙里雪融化天放晴。农事繁忙耕牛沾满了泥浆，羁旅之人用心听谷中黄莺鸣叫。故乡山上梅花正开放，谁能寄去我想要回家的心情？

公馆午饭偶书

行台依独寺，僧屋自成邻。殿古凝残雪，墙低入早春。巷泥晴淖马，檐日暖堪人。雪散小岩碧，松梢挂月新。

译文

行台建在孤零零的寺院旁，僧舍自然成为邻居。古老的大殿凝结着残雪，低墙有早春气息。晴日里巷中的泥泽被马溅起，房檐下的阳光使人感到温暖。雪化了，小山上泛绿，松梢上新月升起。

午憩香社寺

修程动百里，往往饷僧居。佛鼓迎官急，禅床为客虚。桃花成井落，云水接郊墟。不觉泥尘涩，看山兴有余。

译文

漫长的路程有百里，常在僧舍用饭，佛寺响起鼓声殷勤迎接官人，禅床为客人空出来。桃花落入井中，云和水在郊外连成一线。不感到路途泥泞，欣赏山景兴致有余。

京师诗二十四首

正德庚午年十月升南京刑部主事，辛未年入觐，调北京吏部主事作

夜宿功德寺次宗贤韵二绝

山行初试夹衣轻，脚软黄尘石路生。一夜洞云眠未足，湖风吹月渡溪清。

译文

在山上行走刚穿的夹衣轻快，脚踩在石子路上发软，黄色尘土飞扬。在云雾笼罩的山洞中睡了一夜，睡眠不够，湖上的风吹动月影，渡口溪水清澈。

水边杨柳覆茅楹，饮马春流更一登。坐久遂忘归路夕，溪云正泻暮山青。

译文

水边的杨柳覆盖住了把房柱，在春日溪水中饮马，再次登上功德寺。久坐到傍晚忘记回去的路，溪边的云朵飘动，日暮中山色青翠。

别方叔贤四首

西樵山色远依依，东指江门石路微。料得楚云台上客，久悬秋月待君归。

译文

在西樵的山色中与友人依依惜别，向东指着江门，石路模糊。想到楚云台上的客人，秋月久久悬在空中，等待先生归来。

自是孤云天际浮，箧中枯蠹岂相谋。请君静后看羲画，曾有陈篇一字否。

译文

孤独的云漂浮在天际，书箧中的旧书岂能参考，请君在平静后读《周

易》，看其中是否有一篇陈词滥调。

休论寂寂与惺惺，不妄由来即性情。笑却殷勤诸老子，翻从知见觅虚灵。

译文

不要议论寂静与清醒，不生妄心本来源于性情。可笑各位殷勤地翻阅探究，反而要从知见当中寻觅空灵之心。

道本无为只在人，自行自住岂须邻。坐中便是天台路，不用渔郎更问津。

译文

大道本就无为，如何领会只在于个人，自己行止不需要邻居，坐席中便是通向仙境的路，不用再向打鱼郎问路。

白湾六章

宗岩文先生居白浦之湾，四方学者称曰白浦先生，而不敢以姓字。某素高先生，又辱为之僚，因为书白湾二字，并诗以咏之。

译文

宗岩文先生在白浦的河湾中居住，四方学者称他为白浦先生，而不敢以姓字来称呼他。我素来认为先生高洁，又有幸与他为同僚，因此写下“白湾”二字，并作诗咏叹。

浦之湾，其白漫漫。彼美君子，在水之盘。湾之浦，其白弥弥。彼美君子，在水之涘。云之溶溶，于湾之湄。君子于处，民以为期。云之油油，于湾之委。君子于兴，施及四海。白湾之渚，于游以处。彼美君子兮，可以容与。白湾之洋，于濯以湘。彼美君子兮，可以徜徉。

译文

白浦的河湾，白雾漫漫，那美好的君子，在水的转弯处。那河湾的边上，白雾弥漫，那美好的君子，在水的岸边。云朵明净洁白，在河湾之岸，君子居止时，百姓对他满怀期待。云朵流动飘动，在河湾转弯处，君子兴起有所作为，施慧遍及四海。白湾水中的陆地，是游玩居止的地方，那美好的君子，可以在此悠闲自若。白湾的水势盛大啊，可以用来洗濯烹煮，那美好的君子，可以在此徜徉。

寄隐岩

每逢山水地，便有卜居心。终岁风尘里，何年沧海浔。洞寒泉滴细，花暝石房深。青壁须留姓，他时好共寻。

译文

每到山水之地，便有隐居的心。终年在风尘中漂浮，何年能停在沧海的水岸边？山洞寒冷，泉水细细，石房幽深，花色黯淡。在青石壁上须留下姓名，他日好来寻找。

香山次韵

寻山到山寺，得意却忘山。岩树坐来静，壁萝春自闲。楼台星斗上，钟磬翠微间。顿息尘寰念，清溪踏月还。

译文

山中寻访时来到了山寺，欣然得意而忘了山的存在。坐在岩石上的树下感到安静，岩壁上的藤萝在春日里悠闲舒展。楼台高耸似在星斗之上，钟磬声回响在青翠的山间。顿时消歇了尘世念头，踏着月光，迈过清溪而还。

夜宿香山林宗师房次韵二首

幽壑来寻物外情，石门遥指白云生。林间伐木时闻响，谷口逢僧不记名。天壁倒涵湖月晓，烟梯高接纬阶平。松堂静夜浑无寐，到枕风泉处处声。

译文

到幽的静川谷中寻找物外情致，石头门遥指的地方有白云生起。时而听到树林间伐木声，在山谷口遇到僧人，不记得他的姓名。拂晓时天和岩壁的影子倒映在湖中，烟雾中的高梯与平坦的横阶相连。静静的夜里，在松堂上没有睡意，四处的风声和泉水声响在枕边。

久落泥途惹世情，紫崖丹壑是平生。养真无力常怀静，窃禄未归羞问名。树隐洞泉穿石细，云回溪路入花平。道人只住层萝上，明月峰头有磬声。

译文

长久落在尘世泥途中沾染了世态人情，平生往隐居山林。无力养真性，常心怀静谧，未取得功名羞于被人问起姓名。隐于树丛中的山洞中，细细的泉水穿过石头，云朵回绕平坦的溪水流入花丛中。得道之人只在层叠的萝藤上居住，明月下峰顶传来击磬的声音。

别湛甘泉二首

行子朝欲发，驱车不得留。驱车下长阪，顾见城东楼。远别情已惨，况此艰难秋。分手诀河梁，涕下不可收。车行望渐杳，飞埃越层丘。迟回歧路侧，孰知我心忧。

译文

早晨我想要出发，驱车不能停留。驾车走下长长的山坡，回头望见城东的楼阁。即将远别，感情已经很悲痛，何况在这艰难的秋季里告别，在桥上诀别，涕泪控制不住。车子渐行渐远不可见，扬起的尘土飞跃层层山丘。在分岔路旁徘徊，谁明白我心里的忧伤。

其二

我心忧以伤，君去阻且长。一别岂得已，母老思所将。奉命危难际，流俗反猜量。黄鹄万里逝，岂伊为稻粱。栋火及毛羽，燕雀犹栖堂。跳梁多不测，君行戒前途。达命谅何滞，将母能忘虞。安居尤畎揍，关路非歧岖。令德崇易简，可以知险阻。结茆湖水阴，幽期终不忘。伊尔得相就，我心亦何伤。世艰变倏忽，人命非可常。斯文天未坠，别短会日长。南寺春月夜，风泉闲竹房。逢僧或停楫，先扫白云床。

译文

我的心忧愁感伤，您这一去，道路险阻漫长。分别是不得已，母亲年老我想去将养她。在危难之际接受命令，反遭世俗流言猜疑。黄鹄远飞万里，难道只是为了稻米和黄粱？房中的火烧着了羽毛，燕子和麻雀还在堂中栖息。恶人作乱不可预测，您往前行要戒备小心。命令下达不可停滞不动，希望母亲不要为我担忧。安然居住躬耕田亩，在关山远路也不是崎岖险阻。美好的德行崇尚平易简约，可以知道困难和障碍。在湖水的南面建造茅屋，归隐的期约终归不能忘记。若你能来同处，我的心又有什么悲伤呢？世道艰难变化极快，人的命运无常。上天还没使这些礼乐教化丧失，分别的日子短暂，相会的日子会很长。南寺里的春日月夜，风和泉水从竹房间悠闲行过。遇到僧人停下船桨，先打扫白云做的床榻。

赠别黄宗贤

古人戒从恶，今人戒从善。从恶乃同污，从善翻滋怨。纷纷嫉娼兴，指谪相非讪。自非笃信士，依违多背面。宁知竟漂流，沦胥亦污贱。卓哉汪陂子，奋身勇厥践。拂衣还旧山，雾隐期豹变。嗟嗟吾党贤，皁黑匪难辨。

译文

古时的人警戒作恶，现在的人力戒做善事。做恶事是与污秽同流，做善事反而滋生埋怨。众人纷纷嫉妒，指责那些被贬谪的潇洒之人，倘若不是笃实诚信之人，依从、违背大多在背地里。怎知您竟漂泊流放，受到牵连遭受苦难也是卑微低贱。汪陂先生真是卓尔不群的人！奋起挺身与卑贱抗争。他拂拂衣袖返回山中，在云雾中归隐，期待地位高升而显贵。唉，我们志同道合的贤人啊，黑白不难分辨。

归越诗五首

正德壬申年升南京太仆寺少卿便道归越作

四明观白水二首

邑南富岩壑，白水尤奇观。兴来每思往，十年就兹观。渟驺指绝壁，涉涧缘危蟠。百源旱方歇，云际犹飞湍。霏霏洒林薄，漠漠凝风寒。前闻若未惬，仰视终莫攀。石阴暑气薄，流触溯回澜。兹游讵盘乐？养静意所关。逝者谅如斯，哀此岁月残。择幽虽得所，避时时犹难。刘樊古方外，感慨有余叹。

译文

城南有许多山川沟壑，白水尤其多奇观。兴致上来常想前往，十年才来到此处，停下马面相绝壁，跋涉过山涧，山崖边上危险如蟠龙一般。众水源干旱刚缓解，云际还有湍急的飞瀑。轻薄的烟雨飘洒在林间，迷蒙的山中风吹过，寒气凝结，以前听过的传闻之地还没有游览过，心情还不满足，仰头望去，最终不敢攀登。石头阴凉，暑气淡薄，水流触到石头回旋，游玩岂是耽于享乐？涵养内心的安静是关键的。时光飞逝如流水，悲哀岁月摧残，即使能找到幽静的地方作为安身之处，但是要逃避时世却艰难。刘樊在久远的方外，感慨之余还有叹息。

千丈飞流舞白鸾，碧潭倒影镜中看。藤萝半壁云烟湿，殿角长年风雨寒。野性从来山水癖，直躬更觉世途难。卜居断拟如周叔，高卧无劳比谢安。

译文

千丈飞流上白鸾飞舞，倒影在碧绿的潭水中，潭水清澈如同镜中观看一样。藤萝长满半山壁，云气烟雾湿润，大殿的墙角多年受寒风冷雨侵袭，性情朴野多年来喜爱山水，亲身经历更觉得世途艰难。像周叔卜算拟定居住之地，如谢安般高卧安逸。

杖锡道中用张宪使韵

山鸟欢呼欲问名，山花含笑似相迎。风回碧树秋声早，雨过丹岩夕照明。雪岭插天开玉帐，云溪环碧抱金城。悬灯夜宿茅堂静，洞鹤林僧相对清。

译文

山鸟欢快地鸣叫似乎想问我姓名，山花盛开好像要前来迎接。风吹绿树秋意早早来到，雨下过红色山岩，在夕阳照耀下很明亮。有雪覆盖的山岭插入天空，好似打开一面玉帐，云雾中的溪流环绕金城。夜晚宿在茅堂，屋内悬灯，很安静，洞中的鹤与林中的僧与我相对，令人感到清新。

又用曰仁韵

每逢佳处问山名，风景依稀过眼生。归雾忽连千嶂暝，夕阳偏放一溪晴。晚投岩寺依云宿，静爱枫林送雨声。夜久披衣还起坐，不禁风月照人清。

译文

每到好地方，都要问山的名字，此处风景依稀模糊，望过去感到陌生，飘走的雾忽然间弥漫在千山中，令山间暗色暗淡，夕阳偏照在一条溪上，显得溪水清澈明朗。晚上到岩寺投身安歇，倚着云躺下来，喜欢安静的枫林中传来的雨声。深夜披衣坐起，不由得望向明月，在山峰中月光照人清新明亮。

书杖锡寺

杖锡青冥端，涧壁环天险。垂岩下陡壑，涉水攀绝巘。溪深听喧瀑，路绝骇危栈。扪萝登峻极，披翳见平衍。僧逋寄孤衲，守废遗荒殿。伤兹穷僻墟，曾未诛求免。探幽冀累息，愤时翻意惨。拯援才已疏，栖迟心益眷。哀猿啸春嶂，悬灯宿西崦。诛茆竟何时？白云愧舒卷。

译文

杖锡寺在青天云端，山涧石壁环绕着天险。垂直耸立的山岩下是陡峭的沟壑，涉过水流，攀登陡峭的山峰。溪水很深，听着喧闹的瀑布声，道路绝险，高高的栈道令人害怕。抓着藤萝爬上山顶，在阴凉下看到平坦的河流。僧人都走了，只留一件僧衣，守候荒废的大殿。为这片穷困偏僻的地方而感伤，仍不免受到破坏。探访幽静的去处，希望劳累了能够休息，气愤时，意念翻滚，心中惨怛。想匡救天下但才能浅薄，栖息在此久了，心中更眷恋。猿猴在春山中哀啸，悬着灯在山的西边住下。什么时候能够砍伐茅草隐居？羞对舒卷自由的白云。

滁州诗三十六首

正德癸酉年到太仆寺作

梧桐江用韵

凤鸟久不至，梧桐生高冈。我来竟日坐，清阴洒衣裳。援琴俯流水，调短意苦长。遗音满空谷，随风递悠扬。人生贵自得，外慕非所臧。颜子岂忘世？仲尼固遑遑。已矣复何事，吾道归沧浪。

译文

凤鸟长久不到来，梧桐树生在高冈上。我来了以后，整天坐在那里，清凉的树荫洒落在衣裳上。俯向流水弹琴，曲调短，但含意痛苦深长。余音响彻空谷，悠扬的声音随风飘散。人生贵在自我满足，羡慕外在的东西不是应称道的。颜回难道忘了现世，孔子固然会惊慌不安。算了吧还有什么事呢，我志在归隐就如《沧浪歌》一般。

林间睡起

林间尽日扫花眠，只是官闲愧俸钱。门径不妨春草合，斋居长对晚山妍。每疑方朔非真隐，始信扬雄误《太玄》。混世亦能随地得，野情终是爱丘园。

译文

扫开花朵整日在林中睡觉，只是官做得轻闲，愧对俸禄。不妨让春草长满门前小路，住在房中常对着妍丽的晚山。每次都怀疑东方朔不是真隐士，开始确信杨雄写的《太玄》有错谬。混迹于世间在哪都可以，我的性情朴野，终究喜欢丘山田园。

赠熊彰归

门径荒凉蔓草生，相求深愧远来情。千年绝学蒙尘土，何处澄江无月明。坐看远山凝暮色，忽惊废叶起秋声。归途望岳多幽兴，为问山田待耦耕。

译文

前的路径荒凉藤蔓杂草丛生。愧对从远方前来探访的真情。千年圣学蒙尘，哪里的澄澈江流上没有明月光？坐着欣赏远处的山峰，暮色凝结，忽然被落叶发出的秋声所惊。归途中看到的山岳多有探幽的兴致，想问山中的田地，让它们等着我来耕种。

别易仲

辰州刘易仲从予滁阳，一日问：“道可言乎？”予曰：“哑子吃苦瓜，与你说不得。尔要知我苦，还须你自吃。”易仲省然有悟，久之辞归，别以诗。

译文

辰州刘易仲跟随我到滁阳，一天他问：“道可以言说吗？”我回答：“哑巴吃苦瓜，跟你说不得。你要知道我所体会到的苦，还需你亲自去尝尝。”他幡然有领悟，与我同处日久后要告辞离去，以诗赠别。

迢递滁山春，子行亦何远。累然良苦心，惝恍不遑饭。至道不外得，一悟失群暗。秋风洞庭波，游子归已晚。结兰意方勤，寸草心先断。末学久仳离，颓波竟谁挽。归哉念流光，一逝不复返。

译文

滁山的春天遥远，你为何也要远行？用心良苦却失意不得志，恍惚终日无暇吃饭。至极的道理不能去身外寻找，一朝领悟摆脱了众多的无知昏暗。秋风吹起洞庭水波，游子回归已经晚了。义结金兰的心意正殷勤，报答亲恩的寸草之心先断了。末流之学长久乖离正道，究竟谁能力挽狂澜？归去吧，怀念流逝的时光，一去不复返。

送守中至龙盘山中

未尽师生六日情，天教风雪阻西行。茅堂岂有春风坐，江郭虚留一月程。客邸琴书灯火静，故园风竹梦魂清。何年稳闭阳明洞，榾柮山炉煮石羹。

译文

师生六天的情谊还没说尽，老天让风雪把西行的道路阻断。茅堂里哪有春风停留？在江边城中滞留了一个月。客房官邸中有琴有书，有灯火，十分安静，梦到故乡园中清新的风竹。哪年才能安稳地在阳明洞中居住，在山炉中放些木炭用石锅煮羹喝。

龙蟠山中用韵

无奈青山处处情，村沽日日办山行。真惭廪食虚官守，只把山游作课程。谷口乱云随骑远，林间飞雪点衣轻。长思淡泊还真性，世味年来久絮羹。

译文

无奈青山上处处含情，去村中买酒日日在山中开路行走。真是惭愧食官禄虚负官名，只是把游山当作课程。山谷口处凌乱的云随着车骑远去，林间的飞雪轻盈点落在衣服上。长久地想淡泊回归到真实的本性，世情复杂多年来如同加了盐梅调味后的羹。

琅琊山中三首

草堂寄放琅琊间，溪鹿岩僧且共闲。冰雪能回草木死，春风不化山石顽。六经散地莫收拾，丛棘被道谁刊删。已矣驱驰二三子，凤图不出吾将还。

译文

从草堂建到琅琊山中，溪水、鹿与山中的僧人共处悠闲。冰雪能够令草木起死回生，春风也吹不化顽冥的山石。六经散于地面不收拾，荆棘铺满道路有谁能砍削它。已经打发了二三位学生，凤鸟不至，河不出图，我将要归返了。

狂歌莫笑酒杯增，异境人间得未曾。绝壁倒翻银海浪，远山真作玉龙腾。浮云野思春前动，虚室清香静后凝。懒拙惟余林壑计，伐檀长自愧无能。

译文

高唱狂放的歌曲，莫要笑话杯中又斟了酒，在人间没有这样奇异的境地，绝壁倒立云浪翻滚，远山如玉龙飞腾。浮动的云和闲散的思绪在春天萌动，空空的房中宁静有清香浮动，懒惰笨拙，只剩下归隐林壑的想法，吟诵伐檀诗，惭愧自己没有才能。

风景山中雪后增，看山雪后亦谁曾。隔溪岩犬迎人吠，饮涧飞猱踔树腾。归骑林间灯火动，鸣钟谷口暮光凝。尘踪正自韬笼在，一宿云房尚未能。

译文

山中下雪之后更添风致，谁曾在雪后欣赏山景呢？隔着溪水，岩边的狗迎着人叫，飞猿在山涧饮水，在树上腾跃。骑马归去，林间灯火闪动，谷口响起钟鸣声，暮色凝结。行迹还在尘世的牢笼中，尚不能在云房中一住。

答朱汝德用韵

东去蓬瀛合有津，若为风雨动经旬。同来海岸登舟在，俱是尘寰欲渡人。弱水洪涛非世险，长年三老定谁真。青鸾眇眇无消息，怅望烟花又暮春。

译文

往东去往蓬莱岛应该有路，如果遇上风雨，就要经过一旬。一起来到海岸登上船的，都是尘世中想渡海的人。弱水的洪涛不是世间的艰险，长年以来船工谁能渡过，青鸾远去没有消息，惆怅地望着如烟的繁花又到了晚春了。

送惟乾二首

独见长年思避地，相从千里欲移家。惭予岂有万间庇，借尔刚余一席沙。古洞幽期攀桂树，春溪归路问桃花。故人劳念还相慰，回雁新秋寄彩霞。

译文

独自见到多年考虑的躲避世俗的地方，惟乾相随我千里也想要移居。我很惭愧哪里有几万间庇所，借给你只有一席沙地。古洞幽深，在这里曾有约定，攀折桂树，春溪流过归途，寻访桃花。劳驾老朋友挂念，还请你加以宽慰，大雁在新秋归来寄走彩色的云霞。

簦笈连年愧远求，本来无物若为酬。春城驿路聊相送，夜雪空山且复留。江浦云开庐岳曙，洞庭湖阔九疑浮。悬知再鼓潇湘柁，应是芙蓉湘水秋。

译文

带着雨具背着书来拜访我，多年来愧对你远来相求，本来没有什么东西可以作为报酬。姑且在春城的驿路上为你送行，空旷的山中夜里下起了雪，暂且再加挽留。江浦的云彩散开，庐岳被阳光照耀，洞庭湖广阔，九嶷山浮现。料想再在潇湘划船的时候，应是芙蓉盛开在湘水上的秋季了。

别希颜二首

中岁幽期亦几人，是谁长负故山春。道情暗与物情化，世味争如酒味醇。耶水云门空旧隐，青鞋布袜定何晨。童心如故容颜改，惭愧年年草木新。

译文

中年有归隐期约的又有几人，是谁那么长时间辜负了故乡山中的春天？求道的心不知不觉与人情化去，世事之味怎么能有酒味那样醇正。耶水和云门空旷，是旧日想隐居之处，什么时候才能穿上青鞋布袜定下归隐之日，童心如故容颜改换，惭愧的是年年草木更新（我却还未能归隐）。

后会难期别未轻，莫辞行李滞江城。且留南国春山兴，共听西堂夜雨声。归路终知云外去，晴湖想见镜中行。为寻洞里幽栖处，还有峰头双鹤鸣。

译文

再相会的日子难期望，离别不轻松，不要推辞说行李滞留在了江城。暂且留住游览南国春山的兴致，一起听西堂夜雨声。知晓你归去的路终归要向云外去，晴天的湖面光亮如在镜中行步，为了寻找洞中幽隐栖息之处，峰头还有两只仙鹤在鸣叫。

山中示诸生五首

路绝春山久废寻，野人扶病强登临。同游仙侣须乘兴，共探花源莫厌深。鸣鸟游丝俱自得，闲云流水亦何心。从前却恨牵文句，展转支离叹陆沉。

译文

在春山中，道路险绝难寻，村野带病勉强登山观看。同游的仙侣们须要乘兴而往，共同探访桃花源，不厌其深。鸣叫的鸟儿和飘荡在空中的蜘蛛丝都怡然自得，闲云和流水又有什么心意？以前痛恨拘泥于文句，辗转支离，感叹自己愚昧迂执，不合时宜。

其二

滁流亦沂水，童冠得几人？莫负咏归兴，溪山正暮春。

译文

滁流也就是沂水，童冠之年的有几个人？不要辜负众人吟诗作赋之兴，溪山正当在晚春。

其三

桃源在何许？西峰最深处。不用问渔人，沿溪踏花去。

译文

桃源在什么地方？在西峰最深处。不用询问渔人，沿着溪流、踏着鲜花就能到达。

其四

池上偶然到，红花间白花。小亭闲可坐，不必问谁家。

译文

偶然到了池上，红色的花夹杂着白色的花。可以悠闲在小亭里坐坐，不必问是谁家。

其五

溪边坐流水，水流心共闲。不知山月上，松影落衣斑。

译文

坐在溪边，水在流淌，流水与心都悠闲。不知山上月亮升起了，松树的影子斑驳落在了衣服上。

龙潭夜坐

何处花香入夜清，石林茅屋隔溪声。幽人月出每孤往，栖鸟山空时一鸣。草露不辞芒屦湿，松风偏与葛衣轻。临流欲写猗兰意，江北江南无限情。

译文

什么地方花朵的芳香到夜里更清新？石林茅屋隔着溪流的水声。幽人在月下每每独自前往，栖宿的鸟在空旷的山谷中时而发出鸣叫。草上的露珠把芒鞋给打湿，松树间吹来的风与葛衣都轻灵。面对流水，想要弹奏《猗兰操》，江的北面南面含着无限的深情。

送德观归省二首

雪里闭门十日坐，开门一笑忽青天。茅檐正好负暄日，客子胡为思故园。椿树惯经霜雪老，梅花偏向岁寒妍。琅琊春色如相忆，好放山阴月下船。

译文

在大雪中闭门坐了十天，开门后一笑见青天忽然放晴，茅屋的房檐正被温暖的阳光照耀，客行在外的人为何思念故乡的家园？椿树习惯了经历霜雪，变得苍老。梅花偏在每年寒冷的时候开花。如果想起琅琊山的春色，就在月光下从山阴放舟。

琅琊雪是故园雪，故园春亦琅琊春。天机动处即生意，世事到头还俗尘。立雪浴沂传故事，吟风弄月是何人。到家好谢二三子，莫向长沮错问津。

译文

琅琊山的雪是故乡的雪，故乡的春天也是琅琊山的春天。天机萌动处就是生机，世上的事情到头来就是俗尘。在雪中站立、仿效圣人在沂水中沐浴，传承过去之事，是谁吟风弄月？到家中要好好告诉诸位，不要向隐士长沮错问渡口所在。

送蔡希颜三首

正德癸酉冬，希渊赴南宫试，访予滁阳，遂留阅岁。既而东归，问其故，辞以疾。希渊与予论学琅琊之间，于斯道既释然矣，别之以诗。

译文

正德八年的冬天，蔡希渊到礼部应试，到滁阳拜访我，就留他一年。而后他东归而去，我问其中缘故，他是因疾病辞别。我与希渊在琅琊山中谈学论道，学问上的疑虑都消除了。以诗作为向他告别。

风雪蔽旷野，百鸟冻不翻。孤鸿亦何事，嗷嗷溯寒云。岂伊稻粱计，独往求其群。之子眇万钟，就我滁水滨。野寺同游请，春山共攀援。鸟鸣幽谷曙，伐木西涧曛。清夜湛玄思，晴窗玩奇文。寂景赏新悟，微言欣有闻。寥寥绝代下，此意冀可论。

译文

风雪把空旷的田野遮蔽，百鸟冻得不能翻飞。孤独的鸿雁有什么事，嗷嗷地飞向远方的云间，难道是它为了稻粱吗？独自前往是寻找它的雁群。你不看重优厚的俸禄，来滁水与我一处，一同游赏野外的寺庙，共同攀登春天的山峰。鸟儿鸣叫，幽谷中出现曙光，伐木，西边的山涧被日光照得温暖。清凉夜色中，玄妙的思绪鲜活清明，天气晴朗时，在窗下玩味奇文。欣赏寂寥的风景，有新的感悟，欣然听到微妙的语言。你这样的人寥寥无几，才华绝代，可以期待与你谈论这些深意。

群鸟喧北林，黄鹄独南逝。北林岂无枝，罗弋苦难避。之子丹霞姿，辞我云门去。山空响流泉，路僻迷深树。长谷何盘纡，紫芝春可茹。求志暂栖岩，避喧宁遁世。繄予辱风尘，送子愧云雾。匡时已无术，希圣徒有慕。倘入阳明峰，为寻旧栖处。

译文

群鸟在北面的树林中喧闹，只有黄鹄独自向南方去。北面树林中难道没有树枝？是很难躲避罗网绳索。你有丹霞姿态，辞别我去往仙境。山中空旷响起山泉流动的声音，道路偏僻，迷失在幽深的树林中。长长的山谷何等盘迂，紫芝在春天可以食用。为了追求理想，暂时栖居在山中，躲避喧嚣宁愿逃逸人世。只有我被风尘牵绊，送你出行，愧对于云雾。救助时弊已没有办法，效法圣人徒有倾慕，若你进了阳明峰，请为我寻找旧时栖息之处。

何事憧憧南北行，望云依阙两关情。风尘暂息滁阳驾，鸥鹭还寻鉴水盟。悟后六经无一字，静余孤月湛虚明。从知归路多相忆，伐木山山春鸟鸣。

译文

为了什么事心神不定南北奔波？远望白云依偎着城阙，都有情谊。在滁阳驾车，暂且消除了风尘之感，江鸥与鹭鸟还来寻我完成鉴水的约定。领悟以后，《六经》中无一字，安静之余，孤月清澈空明。从而知道在归途上多回忆，在山上伐木，处处是春鸟的鸣叫声。

赠守中北行二首

江北梅花雪易残，山窗一树自家看。临行掇赠聊数颗，珍重清香是岁寒。

译文

江北梅花容易受到雪的摧残，山中房屋窗外有一树梅花，自家留作欣赏。临告别时，拾起几枝赠与故人，在严寒的天气里花香清淡，多加珍重。

来何匆促去何迟，来去何心莫漫疑。不为高堂双雪鬓，岁寒宁受北风欺。

译文

为什么来去如此匆匆，来与去时什么心意不要漫加猜疑。若不是为了家中年迈白头的父母年，宁愿在寒冷的日子里忍受北风的欺凌。

郑伯兴谢病还鹿门雪夜过别赋赠三首

之子将去远，雪夜来相寻。秉烛耿无寐，怜此岁寒心。岁寒岂徒尔，何以赠远行？圣路塞已久，千载无复寻。岂无群儒迹，蹊径榛茆深。浚流须寻源，积土成高岑。揽衣望远道，请君从此征。

译文

你将要远去，雪夜里来拜访我。持着蜡烛彻夜不眠，可怜这年岁寒冷时的用心。年寒中有什么呢？用什么赠给你去远行呢？圣人之路闭塞已久，千年来不能再寻到。难道没有儒者们的踪迹吗，在蹊径深林茅草屋中，疏浚水流要寻找到源头，土积多了就成为高高的山丘。提着衣服望着远方的道路，请你从此出发吧。

浚流须有源，植木须有根。根源未浚植，枝派宁先蕃。谓胜通夕话，义利分毫间。至理匪外得，譬犹镜本明。外尘荡瑕垢，镜体自寂然。孔训示克己，孟子垂反身。明明贤圣训，请君勿与谖。

译文

疏浚水流要从源头做起，种植树木应该有树根。树根和水源没有种植和疏通，难道树枝和支流能够繁盛吗？这一晚上所说，就是分辨义与利的分毫之别。至极的道理不是在外面寻求的，好像镜子本来通明。涤除外在的尘垢瑕疵，镜子的本体自然寂静。孔子训导我们要克己，孟子垂诫反躬自省，贤圣给出的明白原则，请先生不要忘记。

鹿门在何许？君今鹿门去。千载庞德公，犹存栖隐处。洁身匪乱伦，其次乃避地。世人失其心，顾瞻多外慕。安宅舍弗居，狂驰惊奔骛。高言诋独善，文非遂巧智。琐琐功利儒，宁复知此意。

译文

鹿门在什么地方？先生今天到鹿门去。千年来的庞德公，还有他隐居的地方。洁身自好不要乱了伦理，其次才是避世隐居。世上的人失了本心，顾视瞻仰，多去羡慕外在之物。舍弃安居的宅院不居住，狂奔驰骋，好高骛远。大发高论去诋毁独善其身之人，文过饰非用小聪明。那些汲汲于功利的俗儒，哪里知道这些道理。

门人王嘉秀实夫萧琦子玉告归书此见别意兼寄声辰阳诸贤

王生兼养生，萧生颇慕禅。迢迢数千里，拜我滁山前。吾道既匪佛，吾学亦匪仙。坦然由简易，日用匪深玄。始闻半疑信，既乃心豁然。譬彼土中镜，暗暗光内全。外但去昏翳，精明烛嫱妍。世学如剪彩，妆缀事蔓延。宛宛具枝叶，生理终无缘。所以君子学，布种培根原。萌芽渐舒发，畅茂皆由天。秋风动归思，共鼓湘江船。湘中富英彦，往往多及门。临歧缀斯语，因之寄拳拳。

译文

王生深谙养生之道，萧生很倾慕禅宗，行路迢迢数千里，到滁山来拜访我。我的道学既不是佛家，我也不学仙术。坦然自若，平易简约，学问在日用间不深奥玄妙。开始听半信半疑，然后才心中豁然。好像那土中的镜子，光从内暗暗透出，一旦去除了外在的昏暗障碍，明亮的镜面可以烛照美丑，世上学问如剪彩带一样，装饰之事蔓延迷漫，就像有了茂密的枝叶，但无缘领会生的道理，所以君子的学问，在于培植根本。萌芽渐渐舒展生发，茂盛舒畅都由天意决定。秋风牵动了我归去的思虑，共同鼓起湘江上的船帆。湘中有才华学识的俊彦，往往多登门来访。临近歧路啰嗦了这些话，借此寄托我拳拳心意。

滁阳别诸友

滁阳诸友从游，送予至乌衣，不能别。及暮，王性甫汝德诸友送至江浦，必留居，俟予渡江。因书此促之归，并寄诸贤，庶几共进此学，以慰离索耳。

译文

滁阳的几位朋友，送我到乌衣，不忍告别。到了日暮时分，王性甫、汝德等朋友送我来到江浦，一定要留下来居住，等我渡过江。因此书写了这首诗催促他们归去，并送给各位贤人，共同钻研精进学问，以宽慰离去萧索的心情。

滁之水，入江流，江潮日复来滁州。相思若潮水，来往何时休。空相思，亦何益？欲慰相思情，不如崇令德。掘地见泉水，随处无弗得。何必驱驰为，千里远相即。君不见尧羹与舜墙，又不见孔与跖对面不相识？逆旅主人多殷勤，出门转盼成路人。

译文

滁河的水汇入了江河之中，每天又顺着江潮到滁州来。相思像潮水一样，往来无停歇，白白相思，有什么好处？想要慰藉相思情，不如崇尚美好的道德。掘地就能看到泉水，随处都能有收获，何必驱驰？从千里外赶来相见。你不见坐着的时候好像看见舜在墙上，吃饭时好像看见尧在汤里，又不见孔子与盗跖对面不能认识吗？在旅店中主人殷勤相待，出门去，转眼成了不相识的路人。

寄浮峰诗社

晚凉庭院坐新秋，微月初生亦满楼。千里故人谁命驾？百年多病有孤舟。风霜草木凉时态，砧杵关河动远愁。饮水曲肱吾自乐，茆堂今在越溪头。

译文

新秋的晚上坐在庭院中感到凉爽，新月的光辉也洒满了全楼。千里之外的老朋友谁来拜访？百年多病有孤船一艘可容身。风霜草木惊动此时的情态，关河传来的捣衣声牵动远方的忧愁。蔬食饮水，曲肱而枕怡然自得，茅堂现在越溪头。

栖云楼坐雪二首

才看庭树玉森森，忽漫阶除已许深。但得诸生通夕坐，不妨老子半酣吟。琼花入座能欺酒，冰溜垂檐欲堕针。却忆征南诸将士，未禁寒夜铁衣沉。

译文

才看到雪挂在庭中树木上玉森森，忽然间大雪已漫过台阶几许深。只要有各位门生与我通宵而坐，不妨像老子般半醉吟诵。雪花飘到座中能当酒，冰从房檐上垂下来，像是要坠落下来的针。却想起征伐南方的诸位将士，铁甲战衣沉重禁不住冬夜的寒冷。

此日栖云楼上雪，不知天意为谁深。忽然夜半一言觉，又动人间万古吟。玉树有花难结果，天机无线可通针。晓来不觉城头鼓，老懒羲皇睡正沉。

译文

今日栖云楼上的雪，不知是老天对谁有深意？忽然夜半的一句话使我觉悟，又牵动了人间万古吟兴。玉树有花难于结果，天机没有线可以用于穿针。早晨时没听见城头鼓响，年老懒惰，学羲皇上人睡得正深沉。

与商贡士二首

见说浮山麓，深林绕石溪。何时拂衣去，三十六岩栖。

译文

见人说起浮山山麓，林木深深绕石溪。什么时候能拂衣离去，在三十六岩栖息。

其二

见说浮山胜，心与浮山期。三十六岩内，为选一岩奇。

译文

见人说浮山是名胜之地，心中想与浮山相会，在三十六山内，为我选择一座奇丽的山岩。

南都诗四十七首

正德甲戌年四月升南京鸿胪寺卿作

题岁寒亭赠汪尚和

一觉红尘梦欲残，江城六月滞风湍。人间炎暑无逃遁，归向山中卧岁寒。

译文

一觉醒来，红尘梦境将残破，六月的江城急风湍流停滞。人间的炎热酷暑不能逃脱，去往山中，终岁寒凉可睡眠。

与徽州程毕二子

句句糠秕字字陈，却于何处觅知新？紫阳山下多豪俊，应有吟风弄月人。

译文

我句句都是陈词滥调，要到什么地方去寻找新的思想？紫阳山下有许多豪杰，应该有吟风弄月的人。

山中懒睡四首

竹里藤床识懒人，脱巾山麓任吾真。病夫已久逃方外，不受人间礼数嗔。

译文

竹林中的藤床认识懒人，脱去头巾山麓中任凭我纯真。生病的我已很长时间逃躲在世外，不受人间礼教仪式的约束。

扫石焚香任意眠，醒来时有客谈玄。松风不用蒲葵扇，坐对青崖百丈泉。

译文

清扫石床焚香，任意睡眠，醒来有客在谈论玄学。松树下有风，不需扇蒲葵扇，坐对着青青的山崖百丈高的山泉。

古洞幽深绝世人，石床风细不生尘。日长一觉羲皇睡，又见峰头上月轮。

译文

古洞幽深，与世人隔绝，风很轻，石床上没有尘土。白天日长，我如羲皇上人般入睡，醒来又见山顶上一轮明月升起。

人间白日醒犹睡，老子山中睡却醒。醒睡两非还两是，溪云漠漠水泠泠。

译文

在人间白日醒来犹如睡着，老子在山中睡着却很清醒。醒和睡两种做法前者对后者错。溪流云雾迷蒙，水声泠泠。

题灌山小隐二绝

茆屋山中早晚成，任他风雨任他晴。男婚女嫁多年毕，不待而今学向平。

译文

山中茅屋早晚建成，不管它风雨还是晴天。男婚女嫁已是多年前完成的，不用等到今天学隐士向平。

一自移家入紫烟，深林住久遂忘年。山中莫道无供给，明月清风不用钱。

译文

自从把自己的家移入紫烟之中，在深林里住得久，就忘了年岁。不要说山中没有什么供给，明月和清风不须花钱。

六月五章

六月乙亥，南都熊峰少宰石公以少宗伯召。南都之士闻之，有恻然而戚者，有欣然而喜者。其戚者曰："公端介敏直，方为留都所倚重，今兹往，善类失所恃，群小罔以严。辨惑考学者曷从而讨究？剖政断疑者曷从而咨决？南都非根本地乎？而独不可以公遗之。"其喜者曰："公之端介敏直，宁独留都所倚重，其在京师，独无善类乎？独无群小乎？独无辨惑考学、剖政断疑者乎？且天子之召之也，亦宁以少宗伯，将必大用。大用则以庇天下，斯汇征之庆也。"公闻之曰："戚者非吾之所敢，喜者乃吾之所忧也。吾思所以逃吾之忧者而不得其道，若之何？"阳明子素知于公，既以戚众之戚，喜众之喜，而复忧公之忧。乃叙其事，为赋《六月》，庸以赠公之行。

译文

六月乙亥日，南都熊峰少宰石公被征召为少宗伯。南都的人听说后，有凄恻悲哀的，有高兴欢喜的。那些面带忧戚的人说："石公端正、耿直、敏捷，才被留都南京倚重，今日前往赴任，善良的人失去依靠，一群小人没了严格管理，分辨疑惑考究学问从何处去探讨呢？处理政务、时定疑难到哪里去咨询决断呢？南都难道不是根基之地吗？怎么不可以让石公留下来呢？"那些高兴的人说："石公端正、耿直、敏捷。难道只能留在南都为人所倚重吗，难道在京师就没有善类吗？没有小人吗？没有分辨疑惑、考究学问的人吗？没有需要处理政务、断定疑难的人吗？况且天子征召为少宗伯，他将来一定会有大用。有大用处就可以庇护天下人，这一去应该庆贺。"石公听说后说："忧戚的人们所言我不敢当，高兴的人们却是我所忧愁的。我的思虑之所以躲避我所忧的而找不到途径，是为何呢？"阳明平素了解石公，忧戚众人的忧戚，又为众人高兴而喜悦，而又担忧石公所担忧的。就记录他的事迹，为赋诗《六月》，聊以为石公送行。

六月凄风，七月暑雨。倏雨倏寒，道修以阻。允允君子，迪尔寝兴。毋沾尔行，国步斯颎。

译文

六月刮着凄风，七月暑天下雨。忽而下雨，忽而寒冷，道路漫长艰难。石公是允实君子，遵循您的日夜起居。不要玷污品行，国家境况如此危急。

哀此下民，靡届靡极。不有老成，其何能国？吁嗟老成，独遗典刑。若屋之倾，尚支其楹。

译文

为百姓而悲哀，没有终极。没有稳重老成之人，怎么能立国？稳重老成之人，就像独传下的法典。好像房屋将要倒塌，还能支撑它的厅堂柱子。

心之忧矣，言靡有所。如彼喑人，食荼与苦。依依长谷，言采其芝。人各有能，我归孔时。

译文

心真忧愁，不知说了什么。好像哑人，吃苦菜不能说出。在长长的山谷中，采取灵芝。人各有所能，我归回孔子的年代去。

昔彼叔季，沉湎以逞。耄集以咨，我人自靖。允允君子，淑慎尔则。靡曰休止，民何于极。

译文

昔日末世，人沉湎放任。老人聚集以提供咨询，我们的人民自然能安定。石公是允实君子，美好谨慎，严守原则！不与民休息，人民怎能否极泰来？

日月其逝，如彼沧浪。南北其望，如彼参商。允允君子，毋沾尔行。如日之升，以曷不光。

译文

日月流逝，如沧海中的波浪。往南北张望，如参星和商星相隔。石公是允实诚信的君子，不要玷污了你的品行。就像太阳升起来一样，哪里没有光明呢？

守文弟归省携其手歌以别之

尔来我心喜，尔去我心悲。不为倚门念，吾宁舍尔归？长途正炎暑，尔行慎兴居。凉茗勿频啜，节食但无饥。勿出船旁立，忽登岸上嬉。收心每澄坐，适意时观书。申洪皆冥顽，不足长嗔笞。见人勿多说，慎默真如愚。接人莫轻率，忠信持谦卑。从来为己学，慎独乃其基。纷纷多嗜欲，尔病还尔知。到家良足乐，怡颜报重闱。昨秋童蒙去，今夏成人归。长者爱尔敬，少者悦尔慈。亲朋称啧啧，羡尔能若兹。信哉学问功，所贵在得师。吾匪崇外饰，欲尔沽名为。望尔日慥慥，圣贤以为期。九兄及印弟，诵此共勉之。

译文

你来了，我心里高兴，你走了，我心里悲伤。不是因为父母急切盼你回家，我哪里舍得你离去。漫漫长途正值炎热的暑天，你此行起居要慎重。不要多次喝凉茶，饮食有节制但不要挨饿。不要去船边上站着，不要在上岸嬉闹。收敛心神澄静安坐，调适心境，常看书。申、洪都是冥顽之人，不必长久去责骂惩罚。看到人不要多说话，保持沉默如愚人一般。接待他人不要轻率，忠心、信义，保持谦卑。从来都为了自己而学习，慎独是根基。嗜欲繁多，你的问题还须你自己了解。到了家中足以高兴快乐，容颜和悦去见父母。去年秋天离开时你还受童蒙，今年归来已成为大人，长者喜欢你恭敬，少年人喜欢你慈爱。亲戚朋友纷纷称赞，羡慕你能如此。学问的功夫，贵在能有好的老师教诲，我不是追求外在修饰，想让你沽名钓誉。希望你每日朴实忠厚，以圣贤作为学习的典范。九兄和印弟，诵读这首诗，一起勉励。

书扇面寄馆宾

湖上群山落照晴，湖边万木起秋声。何年归去阳明洞，独棹扁舟鉴里行。

译文

湖面上，群山的影子倒映在水中晴朗明亮，湖边的万棵树木发出秋天的声音。什么时候回阳明洞，独自驾船在鉴湖里行进。

用实夫韵

诗从雪后吟偏好，酒向山中味转佳。岩瀑随风杂钟磬，水花如雨落袈裟。

译文

雪后吟诗感觉好，在山中品酒，酒的味道变得醇美。山上瀑布随着风落下，夹杂着钟磬的声音，水花如雨落在袈裟上。

游牛首山

春寻指天阙，烟霞眇何许。双峰久相违，千岩来旧主。浮云刺中天，飞阁凌风雨。探秀涧阿入，萝阴息筐筥。灭迹避尘缨，清朝入深沮。风磴仰门历，淙壑偻窥俯。梯云跻石阁，下榻得吾所。释子上方候，鸣钟出延伫。颓景耀回盼，层飙翼轻举。暖暖林芳暮，泠泠石泉语。清宵耿无寐，峰月升烟宇。会晤得良朋，可以寄心腑。

译文

春日寻访直指天阙的高山，烟霞如此缥缈。双峰恭候已久，千座岩石的旧主人归来。浮云刺入天空之中，凌空的阁楼架在风雨之上。探寻秀丽美景，从山涧进入，在萝藤的阴凉下放下筐休息。消除踪迹，避开尘世牵绊，清早进入幽深的湿地。在风中台阶延伸到门前，屡屡俯下身窥视淙淙流水的沟壑。云梯架到了石阁上，找到了我下榻的居所。僧人在上方等候，击鸣大钟，出来迎接。日色渐晚回首顾盼，层层狂风轻易地托起羽翼。日落时分林中温暖，石泉发出泠泠的水声。清冷的中夜不能入睡，山峰上月亮升入烟气笼罩的天宇。与良朋相会见面，可以诉说我的肺腑之言。

送徽州洪侹承瑞

平生举业最疏慵，挟册虚烦五月从。竹院检方时论药，茆堂放鹤或开笼。忧时漫有孤忠在，好古全无一艺工。念我还能来夜雪，逢人休说坐春风。

译文

平生在功业上最疏懒，挟着名册，劳烦您五月里跟随而来。在竹院中检验方子时时讨论药物，在茅堂打开笼子放飞仙鹤。忧愁时还有孤忠之心在，崇好古学但是没有一门精通的本领。挂念我还可以在夜雪里来访，遇到人，不要说坐望春风。

病中大司马乔公有诗见怀次韵奉答二首

十日无缘拜后尘，病夫心地欲生榛。诗篇极见怜才意，伎俩惭非可用人。黄阁望公长弄轴，沧江容我老垂纶。保厘珍重回天手，会看春风万木新。

译文

十天中没有机缘拜会您，生病的人心里就要长出杂芜的榛树。您的诗篇十分明显透露出怜惜人才之意，惭愧我只有小伎俩不是可用之人。在丞相厅中见您常手拿卷轴，沧江之中能容得下我这垂钓隐居的老人。您有回天之力请多加保重，会看到春风满园，万木更新的景象。

一自多歧分路尘，堂堂正道遂生榛。聊将肤浅窥前圣，敢谓心传启后人。淮海帝图须节制，云雷大造看经纶。枉劳诗句裁风雅，欲借盘铭献日新。

译文

在歧路边分手告别，堂堂正道也生出榛棘。姑且以自己的浅薄学识窥视前贤圣人，怎敢妄心说要传授教导后人。帝王治国的谋略须要节制之人，国家大治需要您这样的经纶之才，徒借诗句歌颂风雅，以《盘铭》献给您，希望看到新气象。

送诸伯生归省

天涯送尔独伤神，岁月龙山梦里春。为谢江南诸故旧，起居东岳太夫人。闲中书卷堪时展，静里工夫要日新。能向尘途薄轩冕，不妨蓑笠老江滨。

译文

在天涯送你们远去我独自伤神，岁月漫漫，梦里回到龙山的春天。为我告谢江南的各位故旧，询问东岳母亲的起居情况。空闲时时翻书，安静时下的功夫要日有进步。如果能在尘世间看淡功名，就不妨穿着蓑衣、戴着斗笠，在江滨老去。

寄冯雪湖二首

竿竹谁隐扶桑东，白眉之叟今庞公。隔湖闻鸡谢墅接，渡海有鹤蓬山通。卤田经岁苦秋雨，浪痕半壁惊湖风。歌声屋低似金石，点也此意当能同。

译文

种上数只竹子谁隐藏在扶桑之东？白眉老翁是今天的庞公。隔着湖听到鸡鸣，亭榭与别墅相连接，渡过大海有仙鹤与蓬莱山相通。盐碱地经年苦受秋雨，波浪的痕迹留在半壁上，湖面起风令人惊惧。屋子低矮，歌声传来如金石之音，曾点的心意应当与此相同。

海岸西头湖水东，他年蓑笠拟从公。钓沙碧海群鸥借，樵径青云一鸟通。席有春阳堪坐雪，门垂五柳好吟风。于今犹是天涯梦，怅望青霄月色同。

译文

在海岸的西头和湖水的东面，他年准备穿蓑戴笠随从先生。在沙岸碧海之中垂钓，依靠向群鹤，砍柴的山路直上青云，只有一条鸟道可通。春阳照在坐席上可以在雪中坐，门前有五棵垂柳好吟诗。到今天还是天涯一梦，怅望着青天同赏月色。

诸用文归用子美韵为别

一别烟云岁月深，天涯相见二毛侵。孤帆江上亲朋意，樽酒灯前故国心。冷雪晴林还作雨，鸟声幽谷自成吟。饮余莫上峰头望，烟树迷茫思不禁。

译文

与隐居之地的烟云作别后岁月漫长，在天涯相见已有白发。在江上乘孤舟，我心中挂念亲朋好友，对着灯前的杯酒，我心中挂念故国。寒冷的雪后，放晴林子里又下起了雨，鸟声在幽谷中自成歌吟。饮酒之余不要登上峰头遥望，树在烟雾中，模糊迷茫，禁不住生出思绪。

题王实夫画

随处山泉着草庐，底须松竹掩柴扉。天涯游子何曾出，画里孤帆未是归。小西诸峰开夕照，虎溪春寺入烟霏。他年还向辰阳望，却忆题诗在翠微。

译文

随处有山泉连着草庐，到底须要松竹把柴门掩住，天涯游子什么时候出去过，画中的孤帆不是要归去。小西的各座山峰才有夕阳照耀，虎溪春寺漫被笼罩在烟霏之中。他年向辰阳望去，却想起在山上题的诗作。

赠潘给事

五月沧浪濯足归，正堪荷叶制初衣。甲非乙是君休问，酉水辰山志未违。沙鸟不须疑雀舫，江云先为扫鱼矶。武陵溪壑犹深僻，莫更移家入翠微。

译文

五月在沧浪中洗脚后归来，正当荷叶茂盛可始制作衣服。你不要再议论是非，归隐酉水辰山的心志没有违背。沙鸟不用疑心雀舫，江上的云先为人清扫钓鱼台。武陵的深谷依然深远僻静，不要再搬家到青山翠微中了。

与沅陵郭掌教

记得春眠寺阁云，松林水鹤日为群。诸生问业冲星入，稚子拈香静夜焚。世事暗随江草换，道情曾许碧山闻。别来点瑟还谁鼓，怅望烟花此送君。

译文

还记得春眠时寺中楼阁上的云彩，松林中，水上每日有成群的仙鹤。诸位门生询问学业才华英发，稚子在安静的夜里拿香焚烧。世上事情随着江草不知不觉变换，碧山曾听闻过我的向道之情，告别以后谁还弹瑟？怅然望着如烟的繁花，就以此来送你吧。

别族太叔克彰

情深宗族谊同方，消息那堪别后荒。江上相逢疑未定，天涯独去意重伤。身闲最觉湖山静，家近殊闻草木香。云路莫嗟迟发轫，世途崎曲尽羊肠。

译文

宗族同家的情谊深长，哪可忍受分别后消息稀少。在江上相逢，惊疑未定，天涯独自行路深感悲伤。身处悠闲时觉得湖水和山峰都静谧，离家近，特别闻到草木的清香。遥远的路程不要感叹迟迟发车，世路崎岖难走，都是羊肠小道。

登凭虚阁和石少宰韵

山阁新春负一登，酒边孤兴晚堪乘。松间鸣瑟惊栖鹤，竹里茶烟起定僧。望远每来成久坐，伤时有涕恨无能。峰头见说连阊阖，几欲排云尚未曾。

译文

正值新春再次登上山阁，晚来可以乘兴饮酒。在松树间弹瑟，惊动栖居的仙鹤，竹林中煮茶的烟气升起，坐定的僧人起身。眺望远方，每次前来都要久坐，感伤时世流泪，遗憾自己没有能力。人说山顶连着天上的宫门，几次想要排开云彩前往，却没有实现。

登阅江楼

绝顶楼荒旧有名，高皇曾此驻龙旌。险存道德虚天堑，守在蛮夷岂石城。山色古今余王气，江流天地变秋声。登临授简谁能赋，千古新亭一怆情。

译文

绝峭山顶上的荒楼旧时有名气，高皇曾经在这里驻扎。艰难地保存着道德，天堑空虚，在蛮夷之地驻守的，难道是石城吗？古往今来，山色中还余留王气，江流在天地间奔腾，秋日来临。登临阅江楼传授书简，谁能够赋咏，千古的新亭口悲怆之情相同。

狮子山

残暑须还一雨清，高峰极目快新晴。海门潮落江声急，吴苑秋深树脚明。烽火正防胡骑入，羽书愁见朔云横。百年未有涓埃报，白发今朝又几茎。

译文

残留的暑气还需要一场雨来消除，在高高的山峰上，极目远望，为天新放晴感到愉快。海门的潮水落下，江流声急促，吴苑的深秋，月照树底颜色明亮，燃起烽火正在防范胡骑入侵，紧急报信的羽书发出，北方云横令人忧愁，百年来没有细小的回报，今天早晨又多了几根白发。

游清凉寺三首

春寻载酒本无期，乘兴还嫌马足迟。古寺共怜春草没，远山偏与夕阳宜。雨晴涧竹消苍粉，风暖岩花落紫蕤。昏黑更须凌绝顶，高怀想见少陵诗。

译文

春日载酒寻访没有期约，乘兴还嫌马跑得慢。可怜古寺被春草淹没，远山与夕阳相应得宜。雨后天晴，山涧中的竹子消去苍粉，暖风吹过山岩，花垂下紫色花蕊。昏暗中更须登上绝顶，在高处怀想杜少陵的诗。

其二

积雨山行已后期，更堪多病益迟迟。风尘渐觉初心负，丘壑真与野性宜。绿树阴层新作盖，紫兰香细尚余蕤。辋川图画能如许，绝是无声亦有诗。

译文

由于下雨已经延后登山，更因多病多一再延期。在风尘中渐渐觉得辜负了初心，丘壑最适合天然朴实的性情。绿树层层的树荫做了新盖，紫兰花的香味清淡还余花蕊。辋川图画中的景色能像这样，就是无声也有诗意。

其三

不顾尚书此日期，欲为花外板舆迟。繁丝急管人人醉，竹径松堂处处宜。双树暗芳春寂寞，五峰晴秀晚羲蕤。暮钟杳杳催归骑，惆怅烟光不尽诗。

译文

这段日子不愿看《尚书》，想要为了看花，轿子又走得很慢。丝竹管乐繁杂急促，人人沉醉，竹林小路和松间堂院都很适宜。两棵树上花朵有隐隐的芳香，春光寂寞，晴天时五峰灵秀晚间浮着烟气。暮色中钟声悠远，催促人骑马归去，怅然地望着烟光，用诗也描述不尽。

寄张东所次前韵

远趋君命忽中违，此意年来识者稀。黄绮曾为炎祚出，子陵终向富春归。江船一话千年阔，尘梦今惊四十非。何日孤帆过天目，海门春浪扫渔矶。

译文

从远方赶去赴君命，忽然中途命令改变，能理解这种想法的人这几年来已很少了。黄绮曾经为炎祚出山，子陵最终还是回到富春江去。在江船上一席话千年之下顿感开阔，尘世如梦，惊叹四十年的过失。什么时候扬起孤帆从天目山经过？海门的春浪清扫渔矶。

别余缙子绅

不须买棹往来频，我亦携家向海滨。但得青山随鹿豕，未论黄阁画麒麟。丧心疾已千年痼，起死方存六籍真。归向兰溪溪上问，桃花春水正迷津。

译文

不用买船频繁往来，我准备携带家人到海滨去。只要能在青山中随从麋鹿和野猪，不愿在黄阁中画麒麟成为高官。心灵迷失，已是千年痼疾，起死返生，方得到六籍的真谛。回到兰溪上询问，在桃花盛开、春水流淌，找不着渡口。

送刘伯光

五月茅茨静竹扉，论心方洽忽辞归。沧江独棹冲新暑，白发高堂恋夕晖。谩道六经皆注脚，还谁一语悟真机。相知若问年来意，已傍西湖买钓矶。

译文

五月里茅草生长茂盛，竹门前安静，讨论心学正谈得融洽，忽然你告辞归去。在沧江上划动船桨消去暑气，高堂白发眷恋夕阳的余晖。休说《六经》都是自我思想的注脚，谁能一句话领悟真谛。朋友若询问我几年来的心意，就说已在西湖边买了钓鱼矶。

冬夜偶书

百事支离力不禁，一官栖息病相侵。星辰魏阙江湖迥，松柏茅茨岁月深。欲倚黄精消白发，由来空谷有余音。曲肱已醒浮云梦，荷蒉休疑击磬心。

译文

百事支离破碎，无力支撑，暂居官位，疾病侵身。魏国宫阙与明亮的星辰相隔遥远，松柏、茅草和茨草生长，岁月渐晚。想要依靠黄精去除白发，空旷的山谷中有余音环绕。弯曲手臂作枕，从虚幻的梦中醒来，担着草筐莫要怀疑击磬的声音。

寄潘南山

秋风吹散锦溪云，一笑南山雨后新。诗妙尽从言外得，《易》微谁见画前真。登山脚健何妨老，留客情深不计贫。朱吕月林传故事，他年还许上西邻。

译文

秋风吹散了锦溪上的云，南山在雨后清新明亮。妙绝的诗作从言外得来，《周易》精微，谁能发现伏羲画卦的真义。纵然年老但登山步伐矫健，留住的客人情深，不计较我贫困。朱熹同吕祖谦在月林中讨论哲理的旧事流传下来，他年我还要到西邻去。

送胡廷尉

钟陵雪后市灯残，箫鼓江船发晓寒。山水总怜南国好，才猷须济朔方艰。彩衣得侍仙舟远，春色行应故里看。别去中宵瞻北极，五云飞处是长安。

译文

雪后的钟陵，集市上灯光暗淡，奏响箫鼓在江边发船透着早晨的寒意。还是喜爱南方的山水，才华、谋策需救济北方的艰难。穿彩衣侍奉父母，仙舟已走远，应该回家观看春色。离别后，在半夜望向北极星，五云飘飞的地方就是长安。

与郭子全

相别翻怜相见时，碧桃开尽桂花枝。光阴如许成虚掷，世故摧人总不知。云路不须朱绂去，归帆且得彩衣随。岚山风景濂溪近，此去还应自得师。

译文

分别时想起再相见的时候，碧桃开尽，桂树也长出新枝。光阴如此虚掷浪费，世俗人情催动总不自知。行远路上不须穿着官服，扬帆归去带上彩衣相随。岚山的风景与濂溪相近，这一去还应该能找到求教之师。

次栾子仁韵送别四首

子仁归，以四诗请用其韵答之，言亦有过者，盖因子仁之病而药之，病已则去其药。

译文

子仁归去时，写了四首诗请求用他的音韵来酬答，他的言语中有过失的，针对子仁的病而施药。病好了以后，药物就撤去。

从来尼父欲无言，须信无言已跃然。悟到鸢鱼飞跃处，工夫原不在陈编。

译文

孔子从来就不想说话，要知道不言语，道理就已经跃然明白，领悟到了鱼儿与鸢鸟飞腾、跳跃的自由，工夫原本不在陈旧的书册之中。

操持存养本非禅，矫枉宁知已过偏。此去好从根脚起，竿头百尺未须前。

译文

操持存养本心的不是禅道，矫正纠偏怎知道已经过偏了。这一去应从根本做起，官位功名不该是最重要的事。

野夫非不爱吟诗，才欲吟诗即乱思。未会性情涵咏地，《二南》还合是淫辞。

译文

山村野夫不是不爱吟诗，刚想吟诗就会导致思想混乱。没有达到吟诗能涵咏性情的境界，《诗经》中的《周南》《召南》还是淫辞。

道听途传影响前，可怜绝学遂多年。正须闭口林间坐，莫道青山不解言。

译文

道听途说影响很大，可怜的圣学已经沉坠多年了。正需要在林中沉默地端坐，不要说青山不懂人言。

书悟真篇答张太常二首

《悟真篇》是误真篇，三注由来一手笺。恨杀妖魔图利益，遂令迷妄竞流传。造端难免张平叔，首祸谁诬薛紫贤。直说与君惟个字，从头去看野狐禅。

译文

《悟真篇》是误解真道的文章，三个注释是由一手笺注。痛恨妖魔贪图利益，于是让迷妄之人竞相流传。由张伯端发端，薛紫贤是罪魁祸首。能与先生直言的只有只言片语，从头去看，还是野狐禅。

误真非是《悟真篇》，平叔当时已有言。只为世人多恋着，且从情欲起因缘。痴人前岂堪谈梦，真性中难更说玄。为问道人还具眼，试看何物是青天？

译文

误解真道不是《悟真篇》，张伯端当时已经说过了。只因为世人多贪恋执着，并且放纵情欲，妄作因缘。痴人面前岂能谈论做梦，在真性人中更难于说玄妙。请问道人还有没有道眼，试着看看什么东西是青天？

赣州诗三十六首

正德丙子年九月升南赣佥都御史以后作

丁丑二月征漳寇进兵长汀道中有感

将略平生非所长，也提戎马入汀漳。数峰斜日旌旗远，一道春风鼓角扬。莫倚贰师能出塞，极知充国善平羌。疮痍到处曾无补，翻忆钟山旧草堂。

译文

领兵制定谋略不是我平生所擅长的，却也率领兵马进入长汀、漳州。数座山峰在斜斜的夕阳照耀下，旌旗远远地飘扬，一路上春风吹拂，战鼓、号角鸣响。不要依靠着贰师将军李广利出入边塞，十分清楚赵充国善于治理、征服羌人。到处的疮痍都未曾补救，转而回忆起钟山上的旧日草堂。

回军上杭

山城经月驻旌戈，亦复幽寻到薜萝。南国已忻回甲马，东田初喜出农蓑。溪云晓度千峰雨，江涨新生两岸波。暮倚七星瞻北极，绝怜苍翠晚来多。

译文

几个月驻扎在山城，也曾经到藤萝迷漫处寻访幽景。南国已经平定，军队返回，东边田地里，高兴地看到有农民的出现。溪上的云飘过千峰，早晨拂晓时下过了雨水，江水涨潮漫上了两岸，水波兴起。晚上倚着七星观望北极星，十分喜爱晚上显得更加苍翠的山峰。

喜雨三首

即看一雨洗兵戈，便觉光风转石萝。顺水飞樯来买舶，绝江喧浪舞渔蓑。片云东望怀梁国，五月南征想伏波。长拟归耕犹未得，云门初伴渐无多。

译文

看到一场雨清洗兵甲和战戈，就觉得光风好，吹拂过石上藤萝。买船顺水飞速而下，险绝的江水中浪花舞动挥打着渔人的蓑衣。穿过片片云朵向东望去，怀念梁国，五月里南下征伐，想起了伏波将军。很久准备归隐耕田，还没实现，当初在云门的朋友渐渐不多了。

辕门春尽犹多事，竹院空闲未得过。特放小舟乘急浪，始闻幽碧出层萝。山田旱久兼逢雨，野老欢腾且纵歌。莫谓可塘终据险，地形原不胜人和。

译文

辕门春天到了将尽，依然还有很多事，竹院空置未曾去过。特地放一只小舟乘着急浪，望见幽幽的碧绿从层层藤萝中透出。山中的田地干旱很久了，遇到下雨，男女老少欢腾跳跃，纵情高歌。不要说可塘终归占据险要之地，地形原来不比人和占优势。

吹角峰头晓散军，横空万骑下氤氲。前旌已带洗兵雨，飞鸟犹惊卷阵云。南亩渐忻农事动，东山休共凯歌闻。正思锋镝堪挥泪，一战功成未足云。

译文

在山峰上吹号角，拂晓散开军队，万马纵横从氤氲的烟雾中驶下。前面的旌旗已经带去了清洗兵戈的雨水，飞鸟还被阵前卷起的战云所惊吓。南边的土地上百姓渐喜可以进行农作，东山不须一起听到凯歌之声。想起战事就要伤心流泪，一战成功了，不值一提。

闻曰仁买田霅上携同志待予归二首

见说相携霅上耕，连蓑应已出乌程。荒畬初垦功须倍，秋熟虽微税亦轻。雨后湖舠兼学钓，饷余堤树合闲行。山人久有归农兴，犹向千峰夜度兵。

译文

听人说起你与人相携在霅上耕种，穿着蓑衣，应该已经出了乌程。初次开垦荒芜的土地，须付出成倍的力气，秋天收获虽然很微小，但是税也交得不多。雨后坐在湖上的船中，还学钓鱼，吃饭后在堤上的树林里悠闲散步。我很早就有归云农耕的兴致，还转向千峰夜里发兵。

月夜高林坐夜沉，此时何限故园心。山中古洞阴萝合，江上孤舟春水深。百战自知非旧学，三驱犹愧失前禽。归期久负云门伴，独向幽溪雪后寻。

译文

月亮高挂，坐在林中夜色渐沉，此时有无限的思念故国家园之心。山中的古洞里，萝藤合围，春水很深，在江上驾着孤舟。身经百战，自知凭借的不是旧学，还惭愧对敌人网开一面，回归的日期不定，辜负了云门的伴侣，雪后独自一人前往寻找幽静的小溪。

祈雨二首

旬初一雨遍汀漳，将谓汀虔是接疆。天意岂知分彼此，人情端合有炎凉。月行今已虚缠毕，斗杓何曾解挹浆。夜起中庭成久立，正思民瘼欲沾裳。

译文

月初一场雨淋遍了汀州和漳州，将士们说汀州虔州接近疆场。其实老天怎么知道区分彼此，人情合该有炎凉。在月下行走，今天已经虚缠到头了，北斗星不能用来舀酒浆。夜里起身，在院子中久久站立，正在思考着百姓的疾苦，泪滴下来沾湿衣裳。

见说虔南惟苦雨，深山毒雾长阴阴。我来偏遇一春旱，谁解挽回三日霖。寇盗郴阳方出掠，干戈塞北还相寻。忧民无计泪空堕，谢病几时归海浔。

译文

有人说虔南之地多有雨，深山毒雾常年阴沉迷漫，我到来后，偏偏遇到一场春旱，谁能挽回三日的霖雨。郴阳的寇贼强盗正出来掠夺，塞北还有兵戈之争。为百姓忧愁没有办法，只有泪水空流，什么时候能告病回到海边。

还赣

积雨雩都道，山途喜乍晴。溪流迟渡马，冈树隐前旌。野屋多移灶，穷苗尚阻兵。迎趋勤父老，无补愧巡行。

译文

雩都的路上不停下雨，登山途欢喜忽然放晴。溪水流动，渡马迟缓，山冈上的树把前面的旌旗掩盖。野屋大多移动了炉灶，穷僻苗地还阻挡兵的前进。父老前来殷勤迎接我，我于事无补愧对这次巡行。

借山亭

借山亭子近如何，乘兴时从梦里过。尚想清池环醉影，犹疑花径驻鸣珂。疏帘细雨灯前局，碧树凉风月下歌。传语诸公合频赏，休令岁月亦蹉跎。

译文

借山亭现今怎么样？经常乘兴在梦中经过。还回想着清澈池水环映着醉酒的身影，似乎听到花丛小路上有显贵者停留，门帘稀疏，细雨中在灯下下棋，凉风吹过碧树，在月下歌唱，传话给诸位好友一起多来观赏，不要让岁月蹉跎。

桶冈和邢太守韵二首

处处山田尽入畲，可怜黎庶半无家。兴师正为民痍甚，陟险宁辞鸟道斜。胜世真如瓴水建，先声不碍岭云遮。穷巢容有遭驱胁，尚恐兵锋或滥加。

译文

四处山田都被治理，可惜半数百姓无家可归。发动军队，正是因为百姓的疾苦深重，跨越险阻不怕曲斜的鸟道。繁盛的世道真的像高屋建瓴一样，一声令下不妨碍山岭上云朵的遮掩。贼巢中应该有被胁迫的平民，担心军队会滥施杀戮。

戡乱兴师既有名，挥戈真已见风行。岂云薄劣能驱策，实仗皇威自震惊。烂额尚惭为上客，徙薪尤觉费经营。主恩未报身多病，旋凯须还陇上耕。

译文

平定叛乱，师出有名，挥戈作战，雷厉风行。不是我薄劣的才能可供驱策，实是仰仗皇威，自然使其震惊。我焦头烂额，惭愧为座上客，防患于未然尤其觉得需要费心经营。没有回报主上的恩宠，身体有许多病，凯旋以后，还要回到陇上耕种。

通天岩

青山随地佳，岂必故园好。但得此身闲，尘寰亦蓬岛。西林日初暮，明月来何早。醉卧石床凉，洞云秋未扫。

译文

青山处处风景都好，难道一定是故乡的才好？只要能够使身心悠闲，尘寰世界也是蓬莱岛。西边的树林，太阳就要落山了，明月来得很早。醉后躺在石床上很凉爽，洞里的云气秋天还没有除去。

游通天岩次邹谦之韵

天风吹我上丹梯，始信青霄亦可跻。俯视氛寰成独慨，却怜人世尚多迷。东南真境埋名久，闽楚诸峰入望低。莫道仙家全脱俗，三更日出亦闻鸡。

译文

天风吹着我爬上红色的云梯，开始相信青天也能踏上去，俯视环绕的云气独自感慨，却感叹人间还有很多迷惑。在东南的真境中埋没姓名很久，闽地、楚地的山峰看起来很低矮。不要说仙家全部脱离了尘世，在三更日出时也可以听到鸡叫。

又次陈惟濬韵

四山落木正秋声，独上高峰望眼明。树色遥连闽峤碧，江流不尽楚天清。云中想见双龙转，风外时传一笛横。莫遣新愁添白发，且呼明月醉沉觥。

译文

四面山上树叶落下发出秋声，独自登上高高的山峰，眼前通明。树色与闽地碧绿的山峰相连，江水流不尽，楚地天空清明。在云中想必可看见两条龙飞转，风外时时传来一曲笛声。不要再发新愁了，增添白发，且招呼明月，共同喝酒醉去。

忘言岩次谦之韵

意到已忘言，兴剧复忘饭。坐我此岩中，是谁凿混沌。尼父欲无言，达者窥其本。此道何古今，斯人去则远。空岩不见人，真成面墙立。岩深雨不到，云归花亦湿。

译文

意思传达到已经忘记了语言，兴致高昂又忘记吃饭。我坐的这山中，是谁凿开混沌？孔子想要无言，贤达的人窥视发现了其中根本。这种道理何论古今，这些人已经远去了。空旷的山中看不到人影，真成了独自面对墙而立。山中深远，雨下不到，云散去把花朵打湿。

圆明洞次谦之韵

群山走波浪，出没龙蛇脊。岩栖寄盘涡，沉沦遂成癖。我来汲东溟，烂煮南山石。千年熟一炊，欲饷岩中客。

译文

群山像波涛般地绵延起伏，好像龙和蛇的脊梁出没。山崖栖居在盘旋的涡中，我沉沦其中嗜好归隐。我来东边大海中提水，煮烂把南山的石头。千年能熟一次，用来招待山崖中的客人。

潮头岩次谦之韵

潮头起平地，化作千丈雪。棹舟者何人，试问岩头月。

译文

潮头从平地而起，化作千丈高的雪。划船的是什么人？试问一下山顶的明月。

天成素有志于学兹得告东归林居静养其所就可知矣临别以此纸索赠漫为赋此遂寄声山泽诸贤

予有山林期，荏冉风尘际。高秋送将归，神往迹还滞。回车当盛年，养痾非遁世。垂竿鉴湖云，结庐浮峰树。爱日遂庭趋，芳景添游诣。掎生悟玄魄，妙静息缘虑。眇眇素心人，望望沧洲去。东行访天沃，云中倘相遇。

译文

我有归隐山林的期望，时光荏苒从风尘中度过。深秋时送你们归去，神思前往足迹还停留在这里。当盛年时回车归去，养病不是要逃避现实。在鉴湖云气中垂钓，在浮峰树上结庐。喜欢日光，就到庭院中去，美丽的景色增添了游览的兴致。从生命发动处感悟到玄妙的气魄，奇妙的宁静消除对尘缘的思虑。那些心地纯洁世情淡泊之人，希望到沧洲去。向东行探访天河，在云中或许能诸位相遇。

坐忘言岩问二三子

几日岩栖事若何，莫将佳景复虚过。未妨云壑淹留久，终是尘寰错误多。涧道霜风疏草木，洞门烟月挂藤萝。不知相继来游者，还有吾侪此意么。

译文

几天中，栖居在山中如何？不要让美景虚过。不妨在云壑多停留些时日，终归是尘世中错误多。山间小道的风霜把草木吹得稀疏，洞口烟雾中的月亮挂在藤萝上。不知道相继而来的游人们，还会有我们这样的心情吗？

留陈惟濬

闻说东归欲问舟，清游方此复离忧。却看阴雨相淹滞，莫道山灵独苦留。薜荔岩高兼得月，桂花香满正宜秋。烟霞到手休轻掷，尘土驱人易白头。

译文

听说你要东归，就想打听船的消息，正在此地游览清新舒服，又有了分别的忧愁。却看到阴雨一直不停，阻留客人，不要说山中的神灵还在挽留。山崖很高，有薜荔，还可赏月色，桂花香飘，正是秋天最宜人的时候。烟霞到了手中，不要随便扔掷，尘世催人容易生出白发。

栖禅寺雨中与惟乾同登

绝顶深泥冒雨扳，天于佳景亦多悭。自怜久客频移棹，颇羡高僧独闭关。江草远连云梦泽，楚云长断九嶷山。年来出处浑无定，惭愧沙鸥尽日闲。

译文

绝顶上的泥泽很深，冒雨前进，天对于佳景也多吝啬。自我怜惜久行在外频繁划动船桨迁移，十分羡慕独自闭关的高僧。江草遥远地与云梦的水泽相连，楚地的云雾截断了九嶷山，一年来去处浑然没有定向，愧对沙鸥每天悠闲自在。

茶寮纪事

万壑风泉秋正哀，四山云雾晚初开。不因王事兼程入，安得闲行向北来。登陟未妨安石兴，纵擒徒羡孔明才。乞身已拟全师日，归扫溪边旧钓台。

译文

万壑风泉，秋意衰败，四面山上的云雾到了晚上刚散开。不因为君王的政事兼程而来，哪能安闲向北行路呢？登山没有妨碍王安石的兴致，七擒七纵徒自羡慕诸葛亮的才能。辞官的奏折已拟好，到班师回朝时再递上去，准备回到溪边打扫旧钓台。

回军九连山道中短述

百里妖氛一战清，万峰雷雨洗回兵。未能干羽苗顽格，深愧壶浆父老迎。莫倚谋攻为上策，还须内治是先声。功微不愿封侯赏，但乞蠲输绝横征。

译文

一场战斗清除了百里内的妖孽气氛，万峰的雷雨冲洗了回收的兵器。没能征服苗地的愚顽之人，我深深愧对父老带着壶浆来迎接。不要把计划进攻作为上策，还需要加强内部的治理。功劳微小，不愿意得到封侯爵的奖赏，只请求蠲免捐输而不要再横征暴敛。

回军龙南小憩玉石岩双洞绝奇徘徊不忍去因寓以阳明别洞之号兼留此作三首

甲马新从鸟道回，览奇还更陟崔嵬。寇平渐喜流移复，春暖兼欣农务开。两窦高明行日月，九关深黑闭风雷。投簪最好支茅地，恋土犹怀旧钓台。

译文

军队刚从鸟道回转，跨越高险的山峰游览奇妙的景观。平定了寇贼，逃亡和迁走的百姓归来令人高兴，春天阳光明媚，高兴地看到农民开始耕作。天地可以行日月，九关深闭漆黑，把风雷关在里面。辞去官职最想建造茅屋，思恋故土，还在记着昔日的钓台。

洞府人寰此最佳，当年空自费青鞋。麾幢旖旎悬仙仗，台殿高低接纬阶。天巧固应非斧凿，化工无乃太安排。欲将点瑟携童冠，就揽春云结小斋。

译文

洞府是人世间最好的去处，当年白白磨损了许多双鞋。彩旗飞舞，悬着仙界的仪仗，高低的台殿接着横阶。天工巧夺，固然不是人力斧凿，造化精工不需刻意安排。想要带着家中的青少年，拿着曾点的瑟来弹奏，就势揽住青云结成小屋。

阳明山人旧有居，此地阳明景不如。但在乾坤俱逆旅，曾留信宿即吾庐。行窝已许人先号，别洞何妨我借书。他日巾车还旧隐，应怀兹土复乡闾。

译文

阳明山人旧日有居所，此地不如阳明山的风景。但在世间到处都是旅舍，曾连续住宿两夜，那就是我的房子。别人已经先行在那里造房了，离开洞时我何妨借几本书。他日坐着巾车回来归隐，应该怀念这片土地也是一处故乡。

再至阳明别洞和邢太守韵二首

春山随处款归程，古洞幽虚道意生。涧壑风泉时远近，石门萝月自分明。林僧住久炊遗火，野老忘机罢席争。习静未缘成久坐，却惭尘土逐虚名。

译文

春山随处可以挽留归程，古老的石洞幽静虚寥生出道意，山涧和沟壑，风和泉水时远时近，石门上的藤萝和月亮自然分明。林中的僧人住得时间长了，留下烧炊的火，山野老夫忘了事务，停止了在席上相争。习惯安静不是因为久坐，却惭愧满身尘土去追逐虚名。

山水平生是课程，一淹尘土遂心生。耦耕亦欲随沮溺，七纵何缘得孔明。吾道羊肠须蠖屈，浮名蜗角任龙争。好山当面驰车过，莫漫寻山说避名。

译文

山水是我平生中的课程，把尘世之心都荡涤干净。耕种田地也想随从长沮、桀溺两位隐者，七擒七纵是什么因缘能得遇孔明？我的道是羊肠屈居下位，蜗角虚名，任凭那些龙蛇去争夺。当面驱车从好山经过，不要到处寻找山峰，说要隐姓。

夜坐偶怀故山

独夜残灯梦未成，萧萧总是故园声。草深石径鼪鼯笑，雪静空山猿鹤惊。漫有缄书怀旧侣，常牵缨冕负初情。云溪漠漠春风转，紫菌黄花又自生。

译文

孤独的夜里，灯光残弱，做不成梦，那萧萧的声音是故园传来。茂盛的草隐没石路，有触鼠与爵鼠的笑声，雪后的山空旷而寂静，猿猴和鹤被惊动。有书信来到让我想到旧朋友，常被官职牵绊，辜负了当初的情谊。云溪迷蒙，春风回转，紫菌和黄花又自然生长出来了。

怀归二首

深惭经济学封侯，都付浮云自去留。往事每因心有得，身闲方喜世无求。狼烟幸息昆阳患，蠡测空怀杞国忧。一笑海天空阔处，从知吾道在沧洲。

译文

深深惭愧自己苦心经营，学习追求封侯，都付于浮云，自去自留。每每想起往事心中有所领悟，身处悠闲方才欣喜与世无求。幸而战火停歇昆阳兵患解除，我见识浅短，空怀杞人忧天之心。在海天空阔的地方一笑，然后才知道我所追求的在沧洲。

身经多难早知非，此事年来识者稀。老大有情成旧德，细谋无计解重围。意常不足真夷道，情到方浓是险机。怅望衡茅无事日，漫吹松火织秋衣。

译文

身经多种磨难，早就知道错误，这种事情近来意识到的人很少。年老有情希望能成就往日的德泽，细细谋算，没有计策解开重围。思虑不足，不能走上平坦的道路，情谊到了正浓烈时候是危险的关头。怅然望着简陋的居室，没有事情可做，只是吹亮松火织就秋天的衣服。

送德声叔父归姚

并序

守仁与德声叔父共学于家君龙山先生。叔父屡困场屋，一旦以亲老辞廪归养，交游强之出，辄笑曰："古人一日养，不以三公易。吾岂以一老母博一弊儒冠乎？"呜呼！若叔父可谓真知内外轻重之分矣。今年夏，来赣视某，留三月。飘然归，兴不可挽，因谓某曰："秋风莼鲈，知子之兴无日不切。然时事若此，恐即未能脱，吾不能俟子之归舟。吾先归，为子开荒阳明之麓，如何？"呜呼！若叔父可谓真知内外轻重之分矣。某方有诗戒，叔父曰："吾行，子可无言？"辄为赋此。

译文

守仁与德声叔父共同向家君龙山先生求学，叔父屡次科举不第，一日以要奉养父母为由辞去廪膳生员的身份归乡奉养父母，与他交友之人强行要他出来继续科举，他就笑着说：“古代人一日养亲，拿三公的官职来也不换，我怎么能扔下老母博得一名穷困潦倒的儒生称呼呢？”哎呀！像叔父这样才是真正知道内外轻重之分。今年夏天，他来赣州探视我，住了三个月，飘然而归，不可挽留，就对我说：“秋风和莼菜鲈鱼，我知道你的兴致，没有哪一天不想回家的。然而时代的局势到这种地步，恐怕你不能立刻脱开。我不能再等待你的归舟，我先回去，为你在阳明山下开垦荒地怎么样？”哎呀！像叔父这样，可以说真正理解内外轻重之分了。当时我正在戒写诗，叔父说：“我要走了，你难道没有话讲吗？”就写了这篇。

犹记垂髫共学年，于今鬓发两苍然。穷通只好浮云看，岁月真同逝水悬。归鸟长空随所适，秋江落木正无边。何时却返阳明洞，萝月松风扫石眠。

译文

我还记得与你少年共同求学的时候，到如今鬓角和头发都白了。困窘通达，只好如浮云般观看，岁月真的像流水般飞逝。归鸟在长空中随心所欲地飞翔，秋天的江上，落木无边，什么时候能够返回阳明洞？在松萝和月亮下，在松风中清扫石睡觉。

示宪儿

幼儿曹，听教诲：勤读书，要孝弟，学谦恭，循礼义，节饮食，戒游戏，毋说谎，毋贪利，毋任情，毋斗气，毋责人，但自治。能下人，是有志，能容人，是大器。凡做人，在心地，心地好，是良士，心地恶，是凶类。譬树果，心是蒂，蒂若坏，果必坠。吾教汝，全在是。汝谛听，勿轻弃！

译文

幼儿一辈，要听从教诲。勤奋读书，要孝敬父母敬爱兄长。学会谦虚恭敬，遵循礼节道义。节制饮食，戒绝游玩嬉闹。不要说谎，不要贪利，不要任性固执，不斗气，不要责备别人，要能自治。能谦虚待人，是有志向。能够宽容待人，是成就事业的大器。凡是做人道理，最重要的是人的心地。心地好的人是善良的人，心地坏的人是凶类。好像那树上的果实，心是果蒂。果蒂如果坏了，果子就要坠落下来。我教导你们的全在这里。你等要好好聆听，不要随意丢弃！

赠陈东川

白沙诗里莆阳子，尽是相逢逆旅间。开口向人谈古礼，拂衣从此入云山。

译文

白沙诗里的莆阳子，都是在旅馆中相逢。向人开口讲述古代的礼仪，拂衣，从此进入云山中。

江西诗一百二十首

正德己卯年，奉敕往福建处叛军。至丰城，遭宸濠之变，趋还吉安，集兵平之。八月，升副都御史，巡按江西作。

译文

正德己卯年，奉命前往福建平定叛军，到丰城后，遇到了宁王朱宸濠叛乱，我迅速返回吉安，召集士兵平乱。八月，升任副都御史，巡按江西期间作诗。

鄱阳战捷

甲马秋惊鼓角风，旌旗晓拂阵云红。勤王敢在汾淮后，恋阙真随江汉东。群丑漫劳同吠犬，九重端合是飞龙。涓埃未遂酬沧海，病懒先须伴赤松。

译文

军队被秋天出发的号角惊动，拂晓时旌旗飘飘，阵前的战云通红。勤王怎敢不像唐代汾阳王郭子仪和临淮王李光弼那样，不忘君主，追随着向长江和汉江东边而去。谋反群丑像狗一样在吠叫，九重天上的应是飞动着的龙。点滴事情都未做，无法实现远大志向，由于懒惰，还是陪伴赤松子修行去吧。

书草萍驿二首

九月献俘北上，驻草萍，时已暮。忽传王师已及徐淮，遂乘夜速发。次壁间韵纪之二首。

译文

九月带着俘虏北上，驻在草萍驿，当时已经日暮时分，忽然传信说王师已经到达徐州淮水一带，于是我趁着夜色迅速出发，依照壁间韵作了两首诗记下来。

一战功成未足奇，亲征消息尚堪危。边烽西北方传警，民力东南已尽疲。万里秋风嘶甲马，千山斜日度旌旗。小臣何尔驱驰急，欲请回銮罢六师。

译文

一场战斗成功不足为奇，传来皇帝亲征的消息，情况还很危急。西北的边境刚传来警报，东南民力已经疲惫耗尽了。秋风从万里吹来，战马嘶鸣，旌旗飘过斜阳照耀的群山。小臣为何要如此着急地奔驰？想要请求皇上回返停止征讨。

千里风尘一剑当，万山秋色送归航。堂垂双白虚频疏，门已三过有底忙。羽檄西来秋黯黯，关河北望夜苍苍。自嗟力尽螳螂臂，此日回天在庙堂。

译文

千里的风尘用一剑来抵挡，万山秋色中，送人乘船归去。高堂有白发苍苍的两位老人空等着我，我已三过家门而不入，是有多繁忙？战书从西方传来，秋色暗淡，向北望关河，夜色苍茫。自己感叹力量耗尽，像螳螂臂一样，这一次挽回局势，只有依靠朝廷了。

西湖

灵鹫高林暑气清，天竺石壁雨痕晴。客来湖上逢云起，僧住峰头话月明。世路久知难直道，此身那得尚虚名。移家早定孤山计，种果支茅却易成。

译文

有灵鹫在高大的树林里，暑气被清除，天放晴，寺庙下的石壁上有雨的痕迹。客人到西湖时，正逢云雾升起，僧人住在山顶说月光明亮，对世俗之路已很清楚只是难以直接说出，我这一身怎能去贪图虚名？早就定下把家搬到孤山中的计划，种果树、搭茅屋是容易的事。

寄江西诸士夫

甲马驱驰已四年，秋风归路更茫然。惭无国手医民病，空有官衔縻俸钱。湖海风尘虽暂息，江湘水旱尚相沿。题诗忽忆并州句，回首江西亦故园。

译文

带兵打仗奔波已四年，在秋风中更觉得归路茫然。惭愧没有拯救国家的本领来拯救百姓疾苦，空有官衔白白浪费俸禄。湖海风尘虽然暂时平息下来，长江和湘水一带的旱灾还在延续。题诗时忽然想起在并州写的诗句，回首江西，那也算是故乡啊。

太息

一日复一日，中夜坐叹息。庭中有嘉树，落叶何淅沥。蒙翳乱藤缠，宁知绝根脉。丈夫贵刚肠，光阴勿虚掷。头白眼昏昏，吁嗟亦何及。

译文

一天又一天，半夜坐起来叹息。庭院中有好树，淅淅沥沥一直在落叶。乱藤缠绕投下阴凉，怎知道根脉已经断绝了。大丈夫贵在有刚直的心肠，不要虚掷光阴。等到头白眼昏的时候，感叹就来不及了！

宿净寺四首

十月至杭，王师遣人追宸濠，复还江西。是日遂谢病退居西湖。

译文

十月到达杭州，君王的军队派遣人去追击朱宸濠，之后又回到江西。当日我就以病辞官退居到西湖。

老屋深松覆古藤，羁栖犹记昔年曾。棋声竹里消闲昼，药裹窗前对病僧。烟艇避人长晓出，高峰望远亦时登。而今更是多牵系，欲似当时又不能。

译文

老屋在松树林的深处，被古藤覆盖，羁留居住在此还记得当年的情形。在竹林里下棋消遣白日时光，拿着药包在窗前与生病的僧人相对。为了避开人，常在早晨时乘舟外出，望着远处的山峰，有时也去攀登。而如今更是多有牵挂，想同当年一样是不可能做到了。

常苦人间不尽愁，每拼须是入山休。若为此夜山中宿，犹自中宵煎百忧。百战西江方底定，六飞南甸尚淹留。何人真有回天力，诸老能无取日谋。

译文

常为人间不尽的忧愁苦恼，每次拼搏后又想到山中隐居休息。这一晚在山中住宿，还独自一人在夜半被各种担忧煎熬。在西江多次战斗刚刚平定，六次飞奔到南甸滞留于此，什么人真的有回天之力？各位长辈有没有平定国乱的谋略。

百战归来一病身，可看时事更愁人。道人莫问行藏计，已买桃花洞里春。

译文

百战后归来，疾病缠身，可是看到当今的情形更发愁。道人不要询问我的动向计划，我已经买下了桃花源洞中的春色。

山僧对我笑，长见说归山。如何十年别，依旧不曾闲。

译文

山中的僧人对我笑，说总是听你讲要回归山野。为什么分别十年后，依旧没有空闲下来呢？

归兴

一丝无补圣明朝，两鬓徒看长二毛。自识淮阴非国士，由来康节是人豪。时方多难容安枕，事已无能欲善刀。越水东头寻旧隐，白云茅屋数峰高。

译文

我对圣明的朝代没有丝毫补裨，眼见着两鬓都长出了白发。自己清楚韩信不是治国的人才，向来认为邵雍是人中豪杰。时事艰难，很难容人安睡，做事无能为力，想用好刀。到越水的东面去寻找旧日隐居之地，见白云、茅屋和高高的群山。

即事漫述四首

从来野兴只山林，翠壁丹梯处处寻。一自浮名萦世网，遂令真诀负初心。夜驰险寇天峰雪，秋虏强王汉水阴。辛苦半生成底事，始怜庄舄亦哀吟。

译文

从来只有归隐山林的朴野兴致，处处可寻到翠绿的山壁和红色的云梯。被浮名牵动羁留在尘网中，于是让曾受到的真诀辜负了初心。夜里踏着天峰的积雪，驱兵去攻打敌人，秋天在汉水南面俘获了强贼。辛苦劳作了半辈子，到底作了什么事情？开始怜惜庄舄，也如他一般发出了思乡的叹息。

百战深秋始罢兵，六师冬尽尚南征。诚微未足回天意，性僻还多拂世情。烟水沧江从鹤好，风云溟海任龙争。他年若访陶元亮，五柳新居在赤城。

译文

战了百余场，到深秋时才停兵，冬天结束后军队还要南征。诚心微小不足以改变皇上心意，我性情孤僻，还有很多违背世俗的毛病。沧江上烟气迷漫，想要与鹤同飞，溟海上风云翻滚，任凭龙来争夺。他日访问陶渊明先生，一定要在赤城建起五柳新居。

窅窅深愁伴客居，江船风雨夜灯虚。尚劳车驾臣多缺，无补疮痍术已疏。亲老岂堪还远别，时危那得久无书。明朝且就君平卜，要使吾心不负初。

译文

陪伴着客人居住，忧愁深远，风雨中的江船上，夜里灯光模糊。臣有很多缺点，还劳累皇上的车马。我本领已经贫乏，无补于治疗民病。双亲已老，哪能忍受远别，时事危难，哪能长久地没有书信？明天早晨就要让君平来占卜，使我的心意不辜负当初。

茅茨松菊别多年，底事寒江尚客船。强所不能儒作将，付之无奈数由天。徒闻诸葛能兴汉，未必田单解误燕。最羡渔翁闲事业，一竿明月一蓑烟。

译文

告别茅草松菊已有许多年，到底是因何事，还在寒冷的江船上客行，我这样的儒生勉强充任武将，对此无奈听凭上天安排。只听说过诸葛亮能够使汉兴盛，不一定非是田单才能挑拨燕国君臣关系。最美慕那些闲来无事的渔翁，在明月下穿着蓑衣垂钓。

泊金山寺二首

十月将趋行在

但过金山便一登，鸣钟出迓每劳僧。云涛石壁深龙窟，风雨楼台迥佛灯。难后诗怀全欲减，酒边孤兴尚堪凭。岩梯未用妨苔滑，曾踏天峰雪栈冰。

译文

只要路过金山寺，就要登上山寺，每每烦劳僧人鸣钟迎接。云海石壁下是深深的龙窟，风雨中的楼台回转有佛灯照耀。遭难后作诗的情怀减弱，酒后孤独的兴致尚能凭借。不去攀登山崖上的梯子是防止苔藓太滑，曾经踏过天峰上被雪覆盖结冰的栈道。

醉入江风酒易醒，片帆西去雨冥冥。天回江汉留孤柱，地缺东南着此亭。沙渚乱更新世态，峰峦不改旧时青。舟人指点龙王庙，欲话前朝不忍听。

译文

醉后在江风中容易醒酒，片片帆船向西去雨雾迷蒙，江水汉水回环，天柱孤独矗立，地缺东南，盖了这座亭子。沙洲变幻世态总有新情况，峰峦没有改变旧时的青青颜色。船上的人指点着龙王庙，想要说前朝的事，我们不忍心听。

舟夜

随处看山一叶舟，夜深霜月亦兼愁。翠华此际游何地，画角中宵起戍楼。甲马尚屯淮海北，旌旗初散楚江头。洪涛滚滚乘风势，容易开帆不易收。

译文

乘一叶扁舟，随处可以欣赏山色，夜深了，霜和月增添了人的忧愁。天子的车架此时正在游览什么地方，戍楼上夜半传来画角的报警声。军队还驻扎在淮海北，旌旗刚刚在楚江头上散开。洪涛乘着风势滚滚而来，帆容易打开，不容易收起。

舟中至日

岁寒尤叹滞江滨，渐喜阳回大地春。未有一丝添衮绣，谩提三尺净风尘。丹心倍觉年来苦，白发从教镜里新。若待完名始归隐，桃花笑杀武陵人。

译文

深冬寒冷感叹滞留江边，渐渐欢喜阳气回还，大地春来。没有在衮服添一丝锦绣，更不要说提三尺宝剑扫净风尘。几年来，忠心倍感痛苦，我从镜中看，又见新添了白发。如果等成就名声后才归隐，桃花真是要笑杀武陵人。

阻风

冬江尽说风长北，偏我北来风便南。未必天公真有意，却逢人事偶相参。残农得暖堪登获，破屋多寒且曝檐。果使困穷能稍济，不妨经月阻江潭。

译文

人们都说冬天江上经常刮北风，偏偏我北上来，便变了南风。天公未必真有用意，逢上人间事，偶然参与进来。残败的农稼得到温暖还有些收获，屋子破旧，十分寒冷，姑且晒晒房檐。假如真的能够对困境能够稍有救济，整月滞留在江潭也无妨。

用韵答伍汝真

莫怪乡思日夜深，干戈衰病两相侵。孤肠自信终如铁，众口从教尽铄金。碧水丹山曾旧约，青天白日是知心。茅茨岁晚饶风景，云满清溪雪满岑。

译文

不要奇怪我日夜思乡心情迫切，战争和疾病两相侵袭，自信我的心肠刚直如铁，但众口同声，往往积非成是，归隐碧水与丹山曾是旧时约定，青天白日是我的知己。年终时茅草屋边风景丰富，云雾飘满清澈的溪上，雪铺满了山丘。

过鞋山戏题

曾驾双虬渡海东，青鞋失脚堕天风。经过已是千年后，踪迹依然一梦中。屈子漫劳伤世隘，杨朱空自泣途穷。正须坐我匡庐顶，濯足寒涛步晓空。

译文

曾驾着双龙渡过东海，青鞋从脚上脱落，坠在天风中。已经是千年过去，踪迹还在梦中遗留。屈原为时世的狭隘伤痛，杨朱白白地哭泣处境艰难。正需坐在我的匡庐顶上，在寒涛中洗脚，在早晨的天空中漫步。

杨邃庵待隐园次韵五首

嘉园名待隐，专待主人归。此日真归隐，名园竟不违。岩花如共语，山石故相依。朝市都忘却，无劳更掩扉。

译文

好园子名为“待隐”，专门等待着主人归来。这一天真的归来隐居，不违背为园子命名的用意，山崖上的花如陪我说话，山与石与我相依。把朝廷之事都忘记，没有劳心之事，把门扉掩上。

其二

大隐真廛市，名园陋给孤。留侯先谢病，范老竟归湖。种竹非医俗，移山不是愚。是日公方移山石。对时存燮理，经济自成谟。

译文

大隐于闹市中，名园提供给孤陋的人。张良先告病还乡，范蠡年老最终归隐湖居。种竹子不是要治疗流俗，移山也不是愚蠢，这一天，阳明先生正移动山石。时时能协和治理，经营自有策略谋算。

其三

绿野春深地，山阴夜静时。冰霜缘径滑，云石向人危。平难心仍在，扶颠力未衰。江湖兵甲满，吟罢有余思。

译文

绿色的原野上春意盎然，山间阴凉夜里静谧，冰霜落在路旁，路面湿滑，入云的石头向人倾斜过来看起来很危险，平定危难的心还在，挽回癫危的力气没有减弱。江湖上满是兵器武装，吟诵以后有多余的思绪。

其四

兹园闻已久，今度始来窥。市里烟霞静，壶中结构奇。胜游须继日，虚席亦多时。莫道东山僻，苍生或未知。

译文

很久前就听说这个园子，今天刚刚来观看。城镇被笼罩在静谧的烟霞中，仙境结构奇妙。游览胜景须连续几天的时间，虚席相待已经恭候多时。不要说东山偏僻，苍生百姓或许还不知道。

其五

芳园待公隐，屯世待公亭。花竹深台榭，风尘暗甲兵。一身良得计，四海未忘情。语及艰难际，停杯泪欲倾。

译文

美好的园子等您隐居，艰难的世道需要您亭决。台榭建在深深的花丛竹林中，风尘令兵甲暗淡，一个人出了好计谋，四海之内都不能忘记这番情意。说到艰难的事情，停下酒杯泪快要流下来了。

登小孤书壁

人言小孤殊阻绝，从来可望不可攀。上有颠崖势欲堕，下有剑石交巉顽。峡风闪壁船难进，洪涛怒撞蛟龙关。帆樯摧缩不敢越，往往退次依前山。崖傍沙岸日东徙，忽成巨浸通西湾。帝心似悯舟楫苦，神斧夜辟无痕斑。风雷倏翕见万怪，人谋不得容其间。我来锐意欲一往，小舟微服沿回澜。侧身胁息仰天窦，悬空绝栈蛛丝悭。风吹卯酒眼花落，冻滑丹梯足力孱。青鼍吹雨出仍没，白鸟避客来复还。峰头四顾尽落日，宛然风景如瀛寰。烟霞未觉三山远，尘土聊乘半日闲。奇观江海讵为险？世情平地犹多艰。呜呼！世情平地犹多艰，回瞻北极双泪潺！

译文

人们说小孤山特别艰难险阻，从来都是可望不可攀。上面有颠崖是将要坠落的姿态，下面有如剑般的石头与高耸的山岩交错。峡谷中的风吹打着山壁，船很难进入，洪涛愤怒地相撞，如有蛟龙把关。船只被摧残，畏缩着不敢越过，往往退后停靠在前山。山崖靠着沙岸，日头向东移动，忽然形成巨大的水道成与西湾相通。天帝好像怜悯在此行舟的艰苦，用神斧夜间辟开山崖毫无痕迹。风雷响起忽然间看到万种怪物，人们谋划是不可能做到的。我到后决心想去一趟，穿着常服沿着回旋的波澜乘小船前往，侧身长长呼吸，向着天空仰视，绝栈悬在空中，像蛛丝相连。早晨喝了酒，风吹过来令眼睛昏花，红色的梯子冻得发滑，足软无力。雨点吹过来，青色的鼍龟时而出没，白鸟躲避客人来回飞舞。从山顶上向四方张望，都是落日的光辉，宛然如同仙洲瀛台的风景。烟霞使我没有觉得三山遥远，姑且偷得半天空闲来游玩。难道大江、大海上的奇观才是险境吗？世上平地也有许多艰险，哎呀！世上那么多平坦的道路还有许多艰险。回首瞻望北极星两眼泪水涟涟。

登蟂矶次草泉心刘石门韵二首

二诗壬戌年作，误入此

中流片石倚孤雄，下有冯夷百尺宫。滟滪西蟠浑失地，长江东去正无穷。徒闻吴女埋香玉，惟见沙鸥乱雪风。往事凄微何足问，永安宫阙草莱中。

译文

水流中央有几片石头倚靠着雄伟的孤峰，下面有河神冯夷百尺高的宫殿。滟滪堆向西盘绕浑然不见地面，长江正向东流去无穷无尽。只听过吴女把香玉埋在地下，只看过沙鸥飞舞夹杂着雪的风乱吹。往事凄凉微茫，不值一问，那永安宫阙被野草淹没。

江上孤臣一片心，几经漂没水痕深。极怜撑住即从古，正恐崩颓或自今。藓蚀秋螺残老翠，螭鸣春雨落空音。好携双鹤矶头坐，明月中宵一朗吟。

译文

行在江面上，孤臣有一片心意，几度在水中漂没留下了深深的水痕。十分怜惜那些从古代就坚持下来的人，正在害怕从今开始崩溃颓废。苔藓剥落秋螺老去，翠色残败，春天的雨中，螭鸣叫，春雨无声空落下来。带着双鹤到矶头上坐，在半夜里，在明朗的月下吟诗。

望庐山

尽说庐山若个奇，当时图画亦堪疑。九江风浪非前日，五老烟云岂定期。眼惯不妨层壁险，足跰须着短筇随。香炉瀑布微如线，欲决天河泻上池。

译文

都说庐山如何的奇特，当时的图画记载也让人怀疑。九江的风浪与前日不同，五老峰的烟云难道会有固定的时间出来？不妨多看看层层险峭的山壁，登山须要随带着短拄杖。瀑布如同香炉中的一线微烟，想要把天河决口，倾泻到人间来。

除夕伍汝真用待隐园韵即席次答五首

一年今又去，独客尚无归。人世伤多难，亲庭叹久违。壮心都欲尽，衰病特相依。旅馆聊随俗，桃符换早扉。

译文

一年的时光又过去，孤独的客人还没有归来。人间艰难令人感伤，父母叹息等待良久。壮志豪情殆尽，衰病缠身，在旅馆中姑且随从习俗吧，早早在门扉上换上桃符。

其二

向忆青年日，追欢兴不孤。风尘淹岁月，漂泊向江湖。济世浑无术，违时竟笑愚。未须悲蹇难，列圣有遗谟。

译文

回忆年轻时，追求欢乐兴致不孤，在风尘中虚度岁月，漂泊向江湖。没有一点救济时世的方法，与世相违，人笑我愚蠢。不须悲叹困难险阻，圣人有遗留下的训示。

其三

正逢兵乱地，况是岁穷时。天运终无息，人心本自危。忧疑纷并集，筋力顿成衰。千载商山隐，悠然获我思。

译文

正处在战乱的地方，何况又是岁月艰难的时候。天道运行终无止息，人心本来自感处境危险。忧伤和疑虑一并涌来，身体马上衰弱下来。千年前的隐士商山四皓，悠然安详，是我所想要做的。

其四

世道从卮漏，人情只管窥。年华多涉历，变故益新奇。莫惮颠危地，曾逢全盛时。海翁机已息，应是白鸥知。

译文

世道从来支离破碎，人情只有目光短浅。多年来有过各种经历，各种变故越发让人新奇。不要害怕身处危险的处境，也曾经逢上全盛的年代。海翁的机心已经止息，海鸥已经知道这番心意。

其五

星穷回历纪，贞极起元亨。日望天回驾，先沾雨洗兵。雪犹残岁恋，风已旧春情。莫更辞蓝尾，人生未几倾。

译文

星斗运行完一周，新的一纪要开始，贞正到极点，元亨又重起。每天期望天子能返回车驾，降下大雨洗清兵戈。深冬雪还有残留，风已有了春的气息。不要再推辞蓝尾酒，人生没有几次能喝到的。

元日雾

元日昏昏雾塞空，出门咫尺误西东。人多失足投坑堑，我亦停车泣路穷。欲斩蚩尤开白日，还排阊阖拜重瞳。小臣谩有澄清志，安得扶摇万里风。

译文

新年第一天，昏蒙蒙的雾充满天空，出门去咫尺以内辨不清东西。有很多人不小心落入坑道沟堑之中，我也停下车来，感叹道路太难走。想要斩除蚩尤拨云见日，还要排开天门，敬拜帝舜。微臣空有澄清天下的志向，怎么能够得到使我扶摇直上的好风呢。

二日雨

昨朝阴雾埋元日，向晓寒云迸雨声。莫道人为无感召，从来天意亦分明。安危他日须周勃，痛哭当年笑贾生。坐对残灯愁彻夜，静听晨鼓报新晴。

译文

元日早上阴沉沉的云雾遮蔽，今天拂晓寒云出现，下起了雨。不要说人为没有感召，天的意图从来就很分明。他日须要周勃来解除危险，贾谊当年痛哭令人嘲笑。通宵夜里坐对着残灯忧愁，静地听着早晨的鼓声预报天放晴。

三日风

一雾二雨三日风，田家卜岁疑凶丰。我心惟愿兵甲解，天意岂必斯民穷。虎旅归思怀旧土，銮舆消息望还宫。春盘浊酒聊自慰，无使戚戚干吾衷。

译文

一日起雾，二日下雨，三日刮风，田家卜算，怀疑今年是凶年无法丰收，我的心中只希望不再战斗，难道上天的意思是要让百姓穷苦吗，军人们想要回归故乡，遥望着皇上的銮驾，等待消息，希望能返回宫中。春盘浊酒聊作自我安慰，不能使忧戚干扰了我的心情。

立春二首

才见春归春又来，春风如旧鬓毛衰。梅花未放天机泄，萱草先将地脉回。渐老光阴逢世难，经年怀抱欲谁开。孤云渺渺亲庭远，长日斑衣羡老莱。

译文

才看到春天去，春天又回来，春风如旧日一样，鬓毛变白。梅花没有开放，天机泄露，萱草先随着地脉回转。光阴已老，遇到世间的艰难，几年来的心怀抱负有谁能够开解？孤云渺茫，我离双亲遥远，每天羡慕老莱子穿着彩衣安慰双亲。

天涯霜雪叹春迟，春到天涯思转悲。破屋多时空杼轴，东风无力起疮痍。周王车驾穷南服，汉将旌旗守北陲。莫讶春盘断生菜，人间菜色正离仳。

译文

天涯还有霜雪，感叹春天迟迟不到，春天到了，远在天涯思绪又开始悲哀。房屋残破，织布机空置多时，东风无力救治疮痍。周王的车驾巡视走遍南方，汉将在北方的边陲守卫。不要惊讶春盘上没有了生菜，人间如菜色般惨淡，夫妻离散。

游庐山开元寺

僻性寻常惯受猜，看山又是百忙来。北风留客非无意，南寺逢僧即未回。白日高峰开雨雪，青天飞瀑泻云雷。缘溪踏得支茆地，修竹长松覆石台。

译文

性情孤僻惯常受人猜忌，又是在百忙之中来看山。北风留客不是没有用意，在南寺中遇到僧人就没有回去。白日里在高高的山峰上雨雪落下，青天下飞瀑倾泻响声如云间惊雷。沿着溪水找到搭建茅屋之地，修竹长松，覆盖了石台。

又次壁间杜牧韵

春山路僻问归樵，为指前峰石径遥。僧与白云还暝壑，月随沧海上寒潮。世情老去浑无赖，游兴年来独未消。回首孤航又陈迹，疏钟隔渚夜迢迢。

译文

春天山路偏僻，就去问归来的樵夫，他指向前面山峰中遥远的石路。僧人与白云一同回到幽深的山壑，月亮随着沧海中寒潮升上来。世事人情老去，没有牵挂，唯独游览的兴致多年来没有消失。回首孤航走过的又是以前的踪迹，疏落的钟声隔着江渚在夜里远远传来。

舟过铜陵野云县东小山有铁船因往观之果见其仿佛因题石上

青山滚滚如奔涛，铁船何处来停桡。人间刳木宁有此，疑是仙人之所操。仙人一去已千载，山头日日长风号。船头出土尚仿佛，后冈有石云船稍。我行过此费忖度，昔人用心无乃忉。由来风波平地恶，纵有铁船还未牢。秦鞭驱之未能动，奡力何所施其篙。我欲乘之访蓬岛，雷师鼓舵虹为缫。弱流万里不胜芥，复恐驾此成徒劳。世路难行每如此，独立斜阳首重搔。

译文

青山相连如滚滚波涛，铁船是从什么地方来停泊？人间砍伐木头哪能制作这样的船，怀疑是仙人们所为。仙人一去已过千年，山头上每天大风呼号。船头出土好像真船一样，后面山冈上有石头据说是掌船的艄公。我从此经过费心思量，过去之人的用心难道没有忧愁？从来平地上风波都很险恶，纵使是铁船也不一定牢固。用秦鞭驱它不动，奡虽力大但如何使用船篙。我想乘坐它造访蓬莱岛，雷师鼓舵长虹作缫。万里弱水浮不起草芥，又害怕驾它也是徒劳。世上的道路每如这样难行，独自站在斜阳下频频搔首。

山僧

岩下萧然老病僧，曾求佛法礼南能。论诗自许窥三昧，入圣无梯出小乘。高阁松风飘夜磬，石床花雨落寒灯。更深月出山窗曙，漱齿焚香诵《法》《楞》。

译文

山崖下住着萧条多病的僧人，曾求佛法去礼拜南方的慧能。谈论诗作自认为能窥得三昧，进入圣学没有途径就是出小乘之学。高阁上松风吹拂，夜里响起击磬声，石床上落下花雨，灯光寒冷。夜深月亮出来，照亮山窗，漱口焚香，诵读《法华经》《楞严经》。

江上望九华山二首

当年一上化城峰，十日高眠雷雨中。霁色晓开千嶂雪，涛声夜渡九江风。此时隔水看图画，几岁缘云住桂丛。却负洞仙蓬海约，玉函丹诀在崆峒。

译文

当年上过一次化城峰，十天在雷雨中高眠。早晨天晴云散，群峰积雪，夜里江涛声随风吹过九江。这时隔着江水看图画般的风景，何时才能攀着云住在月亮的桂丛中？却辜负了与山洞仙人去蓬莱的约定，玉匣子里的炼丹秘诀在崆峒山里。

穷探虽得尽幽奇，山势须从远望知。几朵芙蓉开碧落，九天屏嶂列旌麾。高同华岳应无忝，名亚匡庐却稍卑。信是谪仙还具眼，九华题后竟难移。

译文

探险尽得幽奇之景，山势须要从远方观看才能知道，几朵芙蓉花在云霄中盛开，九天的屏障好像排列的旌旗。九华山如华山一样高应该不会惭愧，名气次于匡庐稍卑微。李白还是具有慧眼，在九华山题诗后难于改动了。

观九华龙潭

飞流三百丈，澒洞秘灵湫。峡拆开雷斧，天虚下月钩。化形时试钵，吐气或成楼。吾欲鞭龙起，为霖遍九州。

译文

飞瀑有三百丈长，秘境中的灵泉弥漫无边。峡谷裂开如被雷斧劈开一样，天虚星下挂着钩月。有时试钵来道化形状，吐气有的成为楼房。我想要用鞭赶龙飞起，为九州普降霖雨。

庐山东林寺次韵

东林日暮更登山，峰顶高僧有兰若。云萝磴道石参差，水声深涧树高下。远公学佛却援儒，渊明嗜酒不入社。我亦爱山仍恋官，同是乾坤避人者。我歌白云听者寡，山自点头泉自泻。月明壑底忽惊雷，夜半天风吹屋瓦。

译文

在东林日暮时分登山，山峰上的高僧有寺庙。云中的藤萝铺满了石道，石头参差不平，深涧中传来水声，树木分布得有高有低，惠远公学习佛道却求助于儒学，陶渊明喜欢喝酒，但不入村社。我爱好山色，仍然迷恋做官，同是乾坤之中躲避的人。我歌唱白云，听者少，山自点头，泉水自己流泻。月光明亮，山沟底忽然一声惊雷，半夜天风吹拂屋上的瓦片。

又次邵二泉韵

昨游开元殊草草，今日东林游始好。手持苍竹拨层云，直上青天招五老。万壑笙竽松籁哀，千峰掩映芙蓉开。坐俯西岩窥落日，风吹孤月江东来。莫向人间空白首，富贵何如一杯酒。种莲栽菊两荒凉，惠远陶潜骨何朽。乘风我欲还金庭，三洲弱水连沙汀。他年海上望庐顶，烟际浮萍一点青。

译文

昨天草草地游览了开元寺，今天要好好地游览东林。手里拿着苍竹，拨开层层云雾，直上青天招呼五老。万山中的旌旗、竹子松籁发出悲声，千峰掩映着开放的芙蓉花。坐着俯视西岩的落日，江风吹动，一轮孤月从东边升起。不要在人间空空地白头，富贵如何能比得上一杯酒。栽菊种莲都荒凉，惠远与陶潜的尸骨腐朽。我想乘风归去回到金庭，三洲的弱水连起了沙汀。他年在海上观望山顶，云雾中山如浮萍现出一点青色。

远公讲经台

远公说法有高台，一朵青莲云外开。台上久无狮子吼，野狐时复听经来。

译文

惠远公有座高台可以说法讲经，一朵青莲花在云外开放。高台上很长时间没有传经说法震慑邪魔外道的狮子吼，野狐时时前来听讲经学。

太平宫白云

白云休道本无心，随我迢迢度远岑。拦路野风吹暂断，又穿深树候前林。

译文

不要说白云本来没有心，它跟随我迢迢地越过远山。野风把道路阻断，又穿过深深地树林，在前面等候。

书九江行台壁

九华真实是奇观，更是庐山亦耐看。幽胜未穷三日兴，风尘已觉再来难。眼余五老晴光碧，衣染天池积翠寒。却怪寺僧能好事，直来城市索诗刊。

译文

九华山真是奇观，也如庐山景色般十分耐人欣赏。探幽览胜三日也没有尽兴，旅途的劳累，已让人感觉再次前来很是困难。眼前空余有五老峰的碧绿景象，在天池中染了衣服，周围草木茂盛翠色重叠。却怪寺庙里的僧人多事，直接来到城市里向人索要诗刊。

又次李佥事素韵

省灾行近郊，探幽指层麓。回飙振玄冈，颓阳薄西陆。菑田收积雨，禾稼泛平菉。取径历村墟，停车问耕牧。清溪厉月行，暝洞披云宿。淅米石涧溜，斧薪涧底木。田翁来聚观，中宵尚驰逐。将迎愧深情，疮痍惭抚掬。幽枕静无寐，风泉朗鸣玉。虽缪真诀传，颇苦尘缘熟。终当遁名山，炼药洗凡骨。缄辞谢亲交，流光易超忽。

译文

勘察灾情到了近郊，到层层山麓探求幽景。回旋的大风吹动山冈，残阳迫近西山。初耕的田地吸收着积水，庄稼泛起了平平的绿色。从村市上取道经过，停下车询问耕种和牧畜的情况。清清的溪水随月光穿行，在幽深的洞中披着云彩入睡。在涧水的石头中间淘米，在涧底用斧头砍伐木柴。田间老翁来相聚观看，半夜还在驱逐奔驰。将来迎接，我愧对这前来迎接的深情厚谊，疮痍将渐渐抚平、弥合。在静静夜里，我躺在枕上睡不着。风中有泉水的声音如清朗的玉声，虽然有幸得到真传，也颇苦于谙熟尘缘。终归要逃遁到名山中，炼药洗涤我这凡骨。用书信告别各位亲友，时光如流水般倏忽而去。

繁昌道中阻风二首

阻风夜泊柳边亭，懒梦还乡午未醒。卧稳从教波浪恶，地深长是水云冥。入林沽酒村童引，隔水放歌渔父听。颇觉看山缘独在，蓬窗刚对一峰青。

译文

被风所阻，夜里停泊在柳树边的亭子里，懒睡做梦回到了家乡，到中午还没有清醒。安稳地躺卧，任凭波浪险恶，地势幽深常是水云昏暗的地方。到林中买酒，有村童带路，隔着水面唱歌，渔父在听。很是觉得独有欣赏山色的缘分存在，蓬窗正对着一座青翠的山峰。

东风漠漠水沄沄，花柳沿村春事殷。泊久渔樵来作市，心闲麋鹿渐同群。自怜失脚趋尘土，长恐归期负海云。正忆山中诗酒伴，石门延望几斜曛。

译文

东风密集，水流汹涌，花朵与柳树沿着村庄生长，到了春天茂盛。停泊久了渔翁和樵夫前来做买卖，心闲时的麋鹿渐渐来与我做伴。自我怜惜失足去尘世中追逐，常常害怕回归时辜负海边的云。正在回忆山中有诗酒作伴，从石门望去，有几道斜阳的光辉。

江边阻风散步至灵山寺

归船不遇打头风，行脚何缘到此中。幽谷余寒春雪在，虚檐斜日暮江空。林间古塔无僧住，花外仙源有路通。随处看山随处乐，莫将踪迹叹萍蓬。

译文

回家船没有遇着打头风，散步为何会到寺中？深深的山谷还有余寒，春雪未化，凌空的房檐落日斜挂，日暮时分江上空茫一片。林间的古塔已无僧人居住，花源仙境有路相通。随处观看山景随处生乐，不要叹息与美景只是萍水相逢。

泊舟大同山溪间诸生闻之有挟册来寻者

扁舟经月住林隈，谢得黄莺日日来。兼有清泉堪洗耳，更多修竹好衔杯。诸生涉水携诗卷，童子和云扫石苔。独奈华峰隔烟雾，时劳策杖上崔嵬。

译文

扁舟几个月来在林间水流弯曲处停留，感谢黄莺日日飞来。还有清泉可以洗耳，更有修竹以方便饮酒。各位门生携带诗卷涉水而来，童子和着云彩，扫去石上的青苔。唯独无奈华峰还隔着烟雾，经常借助手杖才能登上陡峭的山崖。

岩下桃花盛开携酒独酌

小小山园几树桃，安排春色候停桡。开樽旋扫花阴雪，展席平临松顶涛。地远不须防俗驾，溪晴还好着渔舠。云间石路稀人迹，深处容无避世豪。

译文

小小的山园中有几株桃树，安排春色等候船来停泊。打开酒壶，很快扫去花丛阴面的雪，展开席子，与如波涛般的松树齐平，地方遥远，不须防止有俗人来临，溪水清澈适合钓鱼。云间石路上人迹稀少，深远的地方怎会没有避世的豪杰。

白鹿洞独对亭

五老隔青冥，寻常不易见。我来骑白鹿，凌空陟飞巘。长风卷浮云，褰帷始窥面。一笑仍旧颜，愧我鬓先变。我来尔为主，乾坤亦邮传。海灯照孤月，静对有余眷。彭蠡浮一觞，宾主聊酬劝。悠悠万古心，默契可无辨。

译文

五老峰隔着青天，平常不容易见到。我骑着白鹿前来，凌跨长空越过山峰。长风卷起浮云，撩起帷帐才看到一面。笑起来还是旧日的容颜，惭愧我却先衰老了。我来你是主人，乾坤也由你传送。海上的灯光照着孤独的明月，静静相对多有眷念。在洞庭湖上斟满酒，宾主聊天、相互喝酒酬答。万古悠悠与心相投契不需分辨。

丰城阻风

前岁遇难于此，得北风幸免

北风休叹北船穷，此地曾经拜北风。勾践敢忘尝胆地，齐威长忆射钩功。桥边黄石机先授，海上陶朱意颇同。况是倚门衰白甚，岁寒茅屋万山中。

译文

北风不要感叹把北行的船阻隔了，在此地曾经拜谢过北风。勾践怎敢忘记卧薪尝胆的地方，齐威王常常想起管仲的功劳。在桥边黄石公有天机传授，海上的陶朱公用意颇为相同。何况父母衰老体弱，深冬寒冷住在万山的茅屋里。

江上望九华不见

五旬三过九华山，一度阴寒一度雨。此来天色稍晴明，忽复昏霾起亭午。平生山水最多缘，独此相逢容有数。人言此山天所秘，山下居人不常睹。蓬莱涉海或可求，瑶水昆仑俱旧游。洞庭何止吞八九，五岳曾向囊中收。不信开云扫六合，手扶赤日照九州。驾风骑气览八极，视此琐屑真浮沤。

译文

五月里三次经过九华山，一次是天气阴寒，一次是下雨。这次前来天色稍稍晴朗了些，忽然昏暗烟雾又在正午时分升起。平生中与山水最有缘分，唯独与这座山的相逢寥寥可数。人们说这座山上是天所秘藏之地，山下居住的人也不常能看到。涉海访寻蓬莱岛或可能实现，瑶池与昆仑都是旧游；洞庭湖何止吞没了八九座山，也曾经将五岳收入囊中。不相信拨开云雾，横扫六合，手扶着红太阳照耀神州大地。驾着长风、骑着仙气，观览八极，把琐屑之事看作是漂浮的泡沫。

江施二生与医官陶野冒雨登山人多笑之戏作歌

江生施生颇好奇，偶逢陶野奇更痴。共言山外有佳寺，劝予往游争愿随。是时雷雨云雾塞，多传险滑难车骑。两生力陈道非远，野请登高觇路歧。三人冒雨陟冈背，既仆复起相牵携。同侪咻笑招之返，奋袂径往凌嵚崎。归来未暇顾沾湿，且说地近山径夷。青林宿霭渐开霁，碧巘绛气浮微曦。津津指譬在必往，兴剧不到傍人嗤。予亦对之成大笑，不觉老兴如童时。平生山水已成癖，历深探隐忘饥疲。年来世务颇羁缚，逢场遇境心未衰。野本求仙志方外，两生学士亦尔为。世人趋逐但声利，赴汤踏火甘倾危。解脱尘嚣事行乐，尔辈狂简翻见讥。归与归与吾与尔，阳明之麓终尔期。

译文

江生和施生颇为喜好奇观，偶然遇到的陶野更对奇观痴迷，共同说山外有座佳寺，劝我去游览，争着愿意随从前往。那时候雷雨大作，云雾塞集，多传言说道路危险湿滑，难行车骑马。两名书生尽力说明道路不远，陶医官请登高观看道路的岔口。三个人冒着雨攀登，跌倒又起身相互扶携着前行。同辈之人笑他们，招呼他们返回，三人挽起袖子，奋起前往爬上险峭的山峰。回来后没顾得上衣服湿了，只说地点很近，路很平坦，青青树林中雾霭渐渐散开，碧绿山峰，有红色光彩的云霞在微光中漂浮。津津有味地说一定要前往，兴致很高，如果到不了的话旁人会嗤笑。我也对着他们大笑起来，不知不觉年老之人的兴致如童年时一般。平生喜爱山水成癖好，探险访幽，忘记了饥饿与疲劳。几年来被世上的事羁绊束缚，逢到如此境界，喜爱山水之心未衰。陶野寻仙本来就志在方外，两位书生也是这样。世人追求功名利禄，赴汤蹈火，不怕危险。脱离尘世的喧嚣，及时行乐，这些人志向远大而行事粗略，反而受到讥笑。回去吧，回去吧！我与你们一起归去！在阳明山上终老。

游九华道中

微雨山路滑，山行入轻舟。桃花夹岸迷远近，回峦叠嶂盘深幽。奇峰应接劳回首，瞻之在前忽在后。不道舟行转屈曲，但怪青山亦奔走。薄午雨霁云亦开，青鞋布袜无尘埃。梅蹊柳径度村落，长松白石穿林隈。始攀风磴出木杪，更俯悬崖听瀑雷。乱山高顶藏平野，茆屋高低自成社。此中那得有人家，恐是当年避秦者。西岩日色渐欲下，且向前林秣吾马。世途浊隘不可居，吾将此地营兰若。

译文

下着小雨山路湿滑，在山中行走，又登上轻舟。桃花开满了两岸，迷失远近，山峰盘旋回转，景色幽深。奇峰相连让人回首观看，望着山在前面，忽然到了身后。不说船在弯曲行走，只怪青山也在奔走。时近中午雨停云散，青鞋和布袜上没有尘埃。长满梅花、柳树的路径经过村落，长松与白石穿过水流转弯处。开始攀登山峰从树梢下穿过，更要俯身在悬崖上听如雷的瀑布声。杂乱的山顶上隐藏着平坦的原野，茅屋高低不同，自己排列成村社。这里面哪能有人家居住，恐怕是当年躲避暴秦的人？西边山上太阳快要落下去，暂且到前面树林中喂我的马。世涂浑浊险隘，不可居留，我将在这片土地营建寺庙。

芙蓉阁

九华之山何崔嵬，芙蓉直傍青天栽。刚风倒海吹不动，大雪裂地冻还开。夜半峰头挂明月，宛如玉女临妆台。我拂沧海写图画，题诗还愧谪仙才。

译文

九华山何等高大险峻？芙蓉依傍着青天栽种。刚强的大风可倒海，却吹不动芙蓉阁，大雪冻裂大地，芙蓉仍开放。夜半时分，峰顶挂着明月，好像玉女坐在化妆台前。我拂拭沧海，作成图画，题写诗篇，愧疚没有李白的才气。

重游无相寺次韵四首

游兴殊未尽，尘寰不可留。山青只依旧，白尽世间头。

译文

游览的兴致未尽，尘寰之中不可久留。山还是以前那样青，只是在世间的人尽白头。

其二

人迹不到地，茆茨亦数间。借问此何处，云是九华山。

译文

人的足迹走不到的地方，茅草屋也有几间。借问这是什么地方？回答说是九华山。

其三

拔地千峰起，芙蓉插晓寒。当年看不足，今日复来看。

译文

千峰拔地而起，芙蓉峰插在拂晓的寒意之中。当年看不够，今天重新前来观赏。

其四

瀑流悬绝壁，峰月上寒空。鸟鸣苍涧底，僧住白云中。

译文

瀑布倒悬在绝壁上，峰头的月亮升上寒冷的高空。鸟儿在苍茫的涧底鸣叫，僧人居住在白云中。

登莲花峰

莲花顶上老僧居，脚踏莲花不染泥。夜半花心吐明月，一颗悬空黍米珠。

译文

老僧人在莲花峰的山顶上居住，脚踏莲花却不沾泥土。夜半时分，明月照在花心，像一颗黍米大小的珍珠悬在空中。

重游无相寺次旧韵

旧识仙源路未差，也从谷口问桃花。屡攀绝栈经残雪，几度清溪踏月华。虎穴相邻多异境，鸟飞不到有僧家。频来休下仙翁榻，只借峰头一片霞。

译文

以前认识仙源的道路，也曾经在谷口询问桃花源的地点。屡次攀登险绝的栈道经过残留的雪，几度在月下踏过清澈的溪水。与虎穴相邻多有奇异之地，鸟儿飞不到的地方有僧人的房舍。频频前来，不要到仙翁床榻上休息，只向峰头借一片云霞就可休息。

登云峰望始尽九华之胜因复作歌

九华之峰九十九，此语相传俗人口。俗人眼浅见皮肤，焉测其中之所有。我登华顶拂云雾，极目奇峰那有数。巨壑中藏万玉林，大剑长枪攒武库。有如智者深韬藏，复如淑女避谗妒。暗然避世不求知，卑己尊人羞逞露。何人不道九华奇，奇中之奇人未知。我欲穷搜尽拈出，秘藏恐是天所私。旋解诗囊旋收拾，脱颖露出锥参差。从来题诗李白好，渠于此山亦潦草。曾见王维画辋川，安得渠来拂纤缟。

译文

九华山有九十九座山峰，这种说法在俗人的口中流传。俗人眼光短浅，只看到皮毛，怎能想到其中有什么？我登上山顶抚摸云雾，放眼望去，奇峰哪有固定的数目。巨大山壑中藏着万棵玉林，大剑、长枪，堆积成武库。好像有智者韬光养晦，又好像淑女躲避谗言嫉妒。悄悄地避开尘世，不求被人了解，以自己为卑下，以他人为尊贵，羞于逞才外露，哪个人不说九华山的风景奇特？奇特中的奇特，人们不知道。我想把它全部搜寻找出，恐怕这神秘宝藏是天的私藏，很快解开诗囊，又很快收拾，脱颖而出，显露才能参差不齐。李白的题诗从来是最好的，他关于此山的诗作也很潦草。曾经见到王维画的辋川风景，怎么能够让他前来在生绢上画一幅？

双峰遗柯生乔

尔家双峰下，不见双峰景。如锥处囊中，深藏未脱颖。盛德心愈卑，幽人迹多屏。悠然望双峰，可以发深省。

译文

你的家在双峰下，看不到双峰的景色。好像一把锥在囊中，深藏其中没有脱颖而出。德行愈盛大，心就愈谦卑，幽居人的踪迹多被遮掩。悠然自在地远望双峰，可以发人深省。

归途有僧自望华亭来迎且请诗

方自华峰下，何劳更望华。山僧援故事，要我到渠家。自谓游已至，那知望转佳。正如酣醉后，醒酒却须茶。

译文

刚从华峰下来，何必再劳驾到望华亭？山僧人讲过去的事情，邀请我去他家中做客。自己说已经游玩尽兴了，哪里知道望过去景色变得更好。正如大醉后，醒酒还须用茶水。

无相寺金沙泉次韵

黄金不布地，倾沙泻流泉。潭净长开镜，池分或铸莲。兴云为大雨，济世作丰年。纵有贪夫过，清风自洒然。

译文

黄金不散布在地上，沙子倾泻，泉水流动。潭水清澈像常打开的镜子，水池分布如铸造的莲花。云气兴起，下起大雨，救济时世，造就丰年。纵使有贪婪的人路过，清风也自己潇洒。

夜宿天池月下闻雷次早知山下大雨三首

昨夜月明峰顶宿，隐隐雷声在山麓。晓来却问山下人，风雨三更卷茆屋。

译文

昨天夜里月光明亮，我宿在山顶，隐隐的雷声响在山麓。早晨起来询问山下的人，原来是三更时的风雨吹卷茅屋。

野人权作青山主，风景朝昏颇裁取。岩傍日脚半溪云，山下雷声一村雨。

译文

野人权且作青山的主人，可以选择早晨和黄昏的风景。山崖依偎在太阳脚下，半山有溪水云雾，山下响起雷声，一村中下起了雨。

天池之水近无主，木魅山妖竞偷取。公然又盗山头云，去向人间作风雨。

译文

天池的水近日没有主人，木鬼和山妖争相偷取。它们又公然偷盗山顶上的云朵，带到人间兴起风雨。

文殊台夜观佛灯

老夫高卧文殊台，拄杖夜撞青天开。散落星辰满平野，山僧尽道佛灯来。

译文

老夫高卧于文殊台上，拄着手杖，在夜间把青天撞开。散落星辰铺满平坦的原野，山中的僧人都说是佛灯到来。

书汪进之太极岩二首

一窍谁将混沌开，千年样子道州来。须知太极元无极，始信心非明镜台。

译文

是谁凿开了混沌，千年后的样子产生了道州。要知道太极是从无极起源的，开始相信心灵本不是明镜台。

始信心非明镜台，须知明镜亦尘埃。人人有个圆圈在，莫向蒲团坐死灰。

译文

开始相信心灵不是明镜台，要知道明镜也是尘埃。人人有一个圆圈，不要坐在蒲团上静坐成死灰。

劝酒

平生忠赤有天知，便欲欺人肯自欺。毛发暗从愁里改，世情明向笑中危。春风脉脉回枯草，残雪依依恋旧枝。谩对芳樽辞酩酊，机关识破已多时。

译文

平生忠心赤诚有上天知晓，就是想欺骗他人，肯自我欺骗吗？毛发随着忧愁暗暗改变，洞明世态人情，在谈笑中也有危机。春风温情脉脉地令枯草回春，残雪还依依不舍地留在旧枝上，不要拿着酒樽推辞说已经喝醉，识破话中机锋已有很长时间了。

重游化城寺二首

爱山日日望山晴，忽到山中眼自明。鸟道渐非前度险，龙潭更比旧时清。会心人远空遗洞，识面僧来不记名。莫谓中丞喜忘世，前途风浪苦难行。

译文

喜爱山色，每日希望山中放晴，到了山中，眼前忽然明亮。鸟道已渐渐地没有以前那样危险，龙潭的水比旧时更清澈。知己远去空留洞穴，面容相识的僧人前来，叫不上名字。不要说中丞喜欢超脱现世，前途会有很多风浪，行进会很困难。

山寺从来十九秋，旧僧零落老比丘。檐松尽长青冥干，瀑水犹悬翠壁流。人住层崖嫌洞浅，鸟鸣春涧觉山幽。年来别有闲寻意，不似当时孟浪游。

译文

山间寺庙向来秋意浓，旧日的僧人老去零落。房檐下的松树枝干高大直入青天，瀑布悬在翠绿的岩壁上。人住在层叠的山崖中嫌洞穴浅，鸟在春日溪涧间鸣叫，令人感到山中幽静。年来别有一番寻访闲适之意，不像旧日那般孟浪游玩。

游九华

九华原亦是移文，错怪山头日日云。乘兴未甘回俗驾，初心终不负灵均。紫芝香暖春堪茹，青竹泉高晚更分。幽梦已分尘土累，清猿正好月中闻。

译文

九华原来也是《北山移文》中的那座山，错怪了山头上每天漂着的白云。乘着兴致车驾不愿意返回俗世，当初的心意终归不辜负屈原。紫色灵芝清香到了春暖可以食用，青竹泉水晚上景致更分明。幽梦已经解除了在尘世的劳累，在月下正好听到猿猴那清亮的叫声。

弘治壬戌尝游九华值时阴雾竟无所睹至是正德庚辰复往游之风日清朗尽得其胜喜而作歌

昔年十日九华住，云雾终旬竟不开。有如昏夜入宝藏，两目无睹成空回。每逢好事谈奇胜，即思策蹇还一来。频年驱逐事兵革，出入贼垒冲风埃。恐恐昼夜不遑息，岂复山水能徘徊。鄱湖一战偶天幸，远随归凯停江隈。是时军务颇多暇，况复我马方虺。旧游诸生亦群集，遂将童冠登崔嵬。先晨霏霭尚暝晦，却疑山意犹嫌猜。肩舆一入青阳境，忽然白日开西岭。长风拥彗扫浮阴，九十九峰如梦醒。群峦踊跃争献奇，儿孙俯伏摩其顶。今来始识九华面，恨无诗笔为传影。层楼叠阁写未工，千朵芙蓉抽玉井。怪哉造化亦安排，天下奇山此兼并。揽衣登高望八荒，双阙下见日月光。长江如带绕山麓，五湖七泽皆陂塘。蓬瀛海上浮拳石，举足可到虹可梁。仙人为我启阊阖，鸾鹤驾纷翱翔。从兹脱屣谢尘世，飘然拂袖凌苍苍。

译文

以前在九华山上住了十天，云雾整月没有散开。好像在昏沉的夜晚进入宝藏，两天里没有看到宝物空手而回。每次遇到好事者谈论奇特胜景时，就想还来一趟九华山。几年来我带兵征战，出入群贼之地，风尘仆仆。恐怕自己昼夜不能安息，哪能在山水处徘徊？鄱阳湖一战偶然有幸，随着胜利的军队班师在江边上停靠。那时候军务不太紧张，何况我的马又疲劳生病。旧日交游的朋友和门生又聚集在一起，于是带着一群青年人攀登高山。早晨云雾霭霭，尚且晦暗，却怀疑山的意思颇令人思量。轿子一进入青阳境内，忽然白日放晴，西面的山岭展现眼前。长风像扫帚一般扫去遮挡的浮云，九十九座山峰如大梦方醒。群山争先恐后地展示奇景，儿孙们俯身伏下抚摩山顶。今天前来才知道九华山的真面目，只遗憾没有诗笔为之记录流传。层楼叠阁描摹不出，千朵芙蓉从玉井中生出。造化这样安排真是奇怪！这座山兼容了天下山的奇异。揽起衣衫，登高远望八荒，向下看到城阙映照着日月的光辉。长江像彩带环绕山峦，五湖七泽如小水塘。海上的蓬莱岛和瀛台好像海上浮着的拳大的石头，举足便可以从长虹架的桥到达。仙人为我开启了天门，鸾鸟与仙鹤纷纷翱翔护航。从此之后，脱去束缚告别尘世，飘然拂拂衣袖凌越到苍穹之中。

岩头闲坐漫成

尽日岩头坐落花，不知何处是吾家。静听谷鸟迁乔木，闲看林峰散午衙。翠壁泉声穿乱石，碧潭云影透晴沙。痴儿公事真难了，须信吾生自有涯。

译文

在山崖上整日坐着看落花，不知什么地方是我的家？静静听着山谷中鸟鸣叫，迁到乔木间去，悠闲看着林中山峰如午时官吏集于衙门一样相连。泉水流过翠绿的石壁，拍击乱石发出声音，碧绿的潭水映着云的影子，沙子干净。痴儿忙于公事难断绝，也应当相信生命是有限的。

将游九华移舟宿寺山二首

逢山未惬意，落日更移船。峡寺缘溪径，云林带石泉。钟声先度岭，月色已浮川。今夜岩房宿，寒灯不待悬。

译文

遇到山没有尽兴，落日时再驾船前往，山中的寺庙建在溪水边，云雾弥漫的林中有泉水击石的声音。钟声越过了山峰先传来，月色已经浮在了河川上。今夜在山崖上的房中休息，不需悬挂那寒灯。

其二

维舟谷口傍烟霏，共说前冈石径微。竹杖穿云寻寺去，藤筐采药带花归。诸生晚佩联芳杜，野老春霞缀衲衣。风咏不须沂水上，碧山明月更清辉。

译文

在谷口系船停下依傍着云烟，都说前面山冈中石路依稀。拄着竹杖穿过云雾寻找寺庙，背着藤筐，采药带花而归。诸位书生在晚上佩戴着连在一起的芳香杜蘅花，春天的云霞点缀了村野老人的旧衣。不须在沂水上风雅咏吟，碧绿山峰上的明月更有清亮的光辉。

登云峰二三子咏歌以从欣然成谣二首

淳气日凋薄，邹鲁亡真承。世儒倡臆说，愚瞽相因仍。晚途益沦溺，手援吾不能。弃之入烟霞，高历云峰层。开茅傍虎穴，结屋依岩僧。岂曰事高尚，庶免无予憎。好鸟求其侣，嘤嘤林间鸣。而我在空谷，焉得无良朋？飘飘二三子，春服来从行。咏歌见真性，逍遥无俗情。各勉希圣志，毋为尘所萦。

译文

朴实淳厚的风气一天天凋落浅薄，儒学没有了真正的继承者。世上的儒生提倡的都是臆断的学说，愚人盲人却转相沿袭。晚年更加沉沦，我却不能援手。抛弃这些归隐烟霞，高高地穿过层云到达山峰上。在虎穴旁边建起茅房，依偎着山中僧人建造房屋。难道是在自我高尚自己的事业吗？只是希望能免去对我的憎恨。好鸟追求寻找伴侣，在树林间嘤嘤鸣叫。而我在空谷中，怎么能没有好朋友？几位友人飘然相从而来，春服既成前来相跟从，咏谈诗歌，见到真性情，逍遥自在，没有世俗之情。要各自勉励追求圣人志向，千万不能为尘世所牵绊！

深林之鸟何间关，我本无心云自闲。大舜亦与木石处，醉翁惟在山林间。晴窗展卷有会意，绝壁题诗无厚颜。顾谓从行二三子，随游麋鹿俱忘还。

译文

深林中的鸟儿为何鸣叫？我本无心，云朵自在悠闲。大舜也与木石相处，醉翁只在山水之间。在晴朗的窗前展开书卷有所领会，在绝峭石壁上题诗没有惭愧。回头与跟随我的二三位朋友交谈，随麋鹿游览都忘了归去。

有僧坐岩中已三年诗以励吾党

莫怪岩僧木石居，吾侪真切几人如。经营日夜身心外，剽窃糠秕齿颊余。俗学未堪欺老衲，昔贤取善及陶渔。年来奔走成何事，此日斯人亦起予。

译文

不要奇怪山中僧人在木石中安居，我的同辈中有几人能活得如此真切？日夜经营追求身心之外的事，剽窃盗取口食糠秕。世俗的学问未能欺骗老衲，昔日的贤人择善而从，影响遍及制陶者和捕鱼者，几年来四处奔波，成就了什么事？这天这人也启发了我。

春日游齐山寺用杜牧之韵二首

即看花发又花飞，空向花前叹式微。自笑半生行脚过，何人未老乞身归。江头鼓角翻春浪，云外旌旗闪落晖。羡杀山中麋鹿伴，千金难买芰荷衣。

译文

看到花开放又马上飞落，空在花前感叹衰败。自笑走过半辈子，是谁没有年老就乞求回乡？江头上号角鼓起，春浪翻滚，云外的旌旗飘扬，闪着落日的余辉。羡慕山中结伴的麋鹿，千金也难买一身荷花衣。

倦鸟投枝已乱飞，林间暝色渐霏微。春山日暮成孤坐，游子天涯正忆归。古洞湿云含宿雨，碧溪明月弄清晖。桃花不管人间事，只笑山人未拂衣。

译文

疲倦的鸟儿乱飞入林中，林间的夜色渐深，云雾散去。日暮时分在春天的山中独坐，天涯的游子正想念着回归故里。古洞中雨雾湿润还带着前夜的雨气，碧溪中的明月放出清亮光辉。桃花不过问人间的事情，只笑山人没有拂拭衣服。

重游开元寺戏题壁

中丞不解了公事，到处看山复寻寺。尚为妻孥守俸钱，至今未得休官去。三月开花两度来，寺僧倦客门未开。山灵似嫌俗士驾，溪风拦路吹人回。君不见富贵中人如中酒，折腰解酲须五斗？未妨适意山水间，浮名于我亦何有！

译文

中丞不去断理公事，到处游山又寻寺庙。还为了妻儿拿着俸禄，至今还没有罢官而去。三月花开时两度前来，寺中僧人为客人所扰，没有开门。山中神灵仿佛嫌弃俗人来到，溪水上的风挡着道路，要把人吹回去。你没有看见高贵之人像醉酒一样，折腰醒酒为了五斗米？不妨在山水间随意游览，浮名对我来说又有什么？

贾胡行

贾胡得明珠，藏珠剖其躯。珠藏未能有，此身已先无。轻己重外物，贾胡一何愚。请君勿笑贾胡愚，君今奔走声利途。钻求富贵未能得，役精劳形骨髓枯。竟日惶惶忧毁誉，终宵惕惕防艰虞。一日仅得五升米，半级仍甘九族诛。胥靡接踵略无悔，请君勿笑贾胡愚。

译文

贾胡得到一颗明珠，剖开身体后藏珠在里面。宝珠没能藏好，命已经先没有了。轻视自身，重视外物，贾胡是何等的愚昧无知？请你不要嘲笑贾胡愚笨！你现在为名利奔波，钻营追求富贵而不成功，劳神伤心，精疲力竭。终日惶惶担忧名誉受毁，整夜警惕有危险意外发生。一天只得到五升米，升官半级还要承受九族诛杀的危险。罪行接踵而来，还丝毫不后悔，请你不要嘲笑贾胡愚笨！

送邵文实方伯致仕

君不见埘下鸡，引类呼群啄且啼？稻粱已足脂渐肥，毛羽脱落充庖厨。又不见笼中鹤，敛翼垂头困牢落？笼开一旦入层云，万里翱翔从廖廓。人生山水须认真，胡为利禄缠其身？高车驷马尽桎梏，云台麟阁皆埃尘。鸱夷抱恨浮江水，何似乘舟逃海滨？舜水龙山予旧宅，让公且作烟霞伯。拂衣便拟逐公回，为予先扫峰头石。

译文

你不见那鸡窝里的鸡，招呼同伴啄食打鸣，吃稻粱吃饱了，渐渐肥大，毛羽被脱落，进入厨房中充当食物。又不见那笼中的鹤，收敛羽翼垂下头来，困在笼中，笼子开启一旦飞入云层中，在万里长空尽情飞翔。人生对山水要认真，怎能让功名利禄缠身？高车与驷马都是桎梏，云台与麟阁都是尘埃。伍子胥浮在江水上抱恨，哪能比得上乘船到海滨去？舜水龙山是我的旧房子，让您且作归隐烟霞之人。拂拭衣服便准备随您归去，为我先扫净峰顶的石头。

纪梦

并序

正德庚辰八月廿八夕，卧小阁，忽梦晋忠臣郭景纯氏以诗示予，且极言王导之奸，谓世之人徒知王敦之逆，而不知王导实阴主之。其言甚长，不能尽录。觉而书其所示诗于壁，复为诗以纪其略。嗟乎！今距景纯若干年矣，非有实恶深冤郁结而未暴，宁有数千载之下尚怀愤不平若是者耶！

译文

正德十五年八月二十八日晚上，在小阁中卧眠，忽然梦见晋朝忠臣郭璞（字景纯）以诗告诉我，极力说王导的奸诈。他说："世上的人们只知道王敦叛逆，而不知道王导才是主使。"他的话很长，我没能全部记录，醒后把他告诉我的诗写在墙壁上，又做了一首诗记下其中大略。唉！现在离郭景纯的年代有好多年了。若非确实有罪恶怨恨冤狱没有显白，哪有数千年之后还像他这样满怀愤慨不平呢？

秋夜卧小阁，梦游沧海滨。海上神仙不可到，金银宫阙高嶙峋。中有仙人芙蓉巾，顾我宛若平生亲。欣然就语下烟雾，自言姓名郭景纯。携手历历诉衷曲，义愤感激难具陈。切齿尤深怨王导，深奸老猾长欺人。当年王敦觊神器，导实阴主相缘夤。不然三问三不答，胡忍使敦杀伯仁？寄书欲拔太真舌，不相为谋敢尔云。敦病已笃事已去，临哭嫁祸复卖敦。事成同享帝王贵，事败乃为顾命臣。几微隐约亦可见，世史掩覆多失真。袖出长篇再三读，觉来字字能书绅。开窗试抽《晋史》阅，中间事迹颇有因。因思景纯有道者，世移事往千余春。若非精诚果有激，岂得到今犹愤嗔。不成之语以筮戒，敦实气沮竟殒身。人生生死亦不易，谁能视死如轻尘？烛微先几炳《易》道，多能余事非所论。取义成仁忠晋室，龙逢龚胜心可伦。是非颠倒古多有，吁嗟景纯终见伸。御风骑气游八垠，彼敦之徒草木粪土臭腐同沉沦。

译文

秋天夜里在小阁中卧眠，梦中在沧海游玩。海上的神仙不可见到，金银的宫阙高耸嶙峋。当中有裹着芙蓉巾的仙人，对我好像是平生中的亲人。高兴地从烟雾中下来与我说话，自称姓名为郭景纯。他与我携手诉说衷肠，他愤慨激动之状难以一一陈述，尤其对王导咬牙切齿的痛恨，说他老奸巨猾，经常欺骗人。说当年王敦图谋皇位，王导实在是主谋指使。不然三问三不答，怎能让王敦杀害了同顿（字伯仁）？写信想拔去太真的舌头，不参与谋划怎敢如此说。王敦病重，大势已去，王导前来哀哭又嫁祸出卖了王敦。事情若成功，两人一同享受帝王的富贵，若不成功，他还可以作顾命大臣。端倪是可以发现的，正史掩盖多有失真的地方，从袖中拿出长篇再三阅读，醒来字字能写在绅带上，打开窗户，抽出《晋书》来读，中间的事情很能看出原因。因而思考景纯是有道之人，世道变了事情已过去千余年，如果不是精诚所至真有激愤，怎能到现在还气愤怨恨？说不出的话就用卜筮来申戒，王敦气沮力竭最终死去，人的生或死都不是容易的事，谁能够把死看作如轻微的尘土一样？《易经》明确地阐发先兆、几微之事，人能做到很多其他事，但能做到《易》道所论把握先机的很少。取义成仁，忠于晋室，与龙逢、袭胜之心是同类。是非颠倒之事古代多有，感叹郭景纯终于伸张了正义！驾风骑气在八垠内游翔，像王敦之徒只能与草木粪土一同腐烂沉沦。

我昔明《易》道，故知未来事。时人不我识，遂传耽一技。一思王导徒，神器良久觊。诸谢岂不力？伯仁见其底。所以敦者佣，罔顾天经与地义。不然百口未负托，何忍置之死？我于斯时知有分，日中斩柴市。我死何足悲，我生良有以。九天一人抚膺哭，晋室诸公亦可耻。举目山河徒叹非，携手登亭空洒泪。王导真奸雄，千载人未议。偶感君子谈中及，重与写真记。固知仓卒不成文，自今当与频谑戏。倘其为我一表扬，万世万世万万世。

译文

昔日我理解《易经》中的道理，所以知道未来的事情。当时的人不了解我，就传言我沉溺于这门技艺。一想起王导这些人，早就窥窃国位。诸位谢氏难道不效力，伯仁发现了其中的根底。王敦的拥护者，不顾天经地义，否则既然没有辜负众人所托，怎么能忍心把他置于死地？我从中明白了几分道理，在正午被斩于柴市。我死了又有什么悲哀的？我生来本是自然的，九天中只有一人抚胸病哭。晋朝王室的诸公也觉得可耻。举目望山河，只感叹物是人非，携手登上亭子，空流眼泪。王导真是奸雄，千年以来没人议论他的是非。偶然在君子谈及他时生出感触，重新记录真实的情况。固然知道仓促之间不能成文，现在的人会对此戏谑笑戏弄。如果能为我写成一番宣扬的话，你的姓名流芳于万世万世万万世。

右晋忠臣郭景纯自述诗，盖予梦中所得者，因表而出之。

译文

以上是晋封忠臣郭景纯自己叙述成诗，都是在我的梦中记忆所得，因而发表公开出来。

无题

岩头有石人，为我下嶙峋。脚踏破履五十两，身披旧衲四十斤。任重致远香象力，餐霜坐雪金刚身。夜寒双虎与温足，雨后秃龙来伴宿。手握顽砖镜未光，舌底流泉梅未熟。夜来拾得遇寒山，翠竹黄花好共看。同来问我安心法，还解将心与汝安。

译文

山顶有石人，为我从嶙峋的山上下来。脚踩着五十两重的破鞋子，身上披着四十斤旧衣服。任重致远，如同香象有力，以霜为餐坐在雪中，练就金刚之身。寒冷的夜里两只老虎来温暖我的脚，雨后有秃龙前来同住。手里握着顽硬的砖头，镜子不发光，梅子还没有长熟，舌底的口水如泉水般流出。夜里遇到了寒山寺的住持拾得禅师，与我共同观看翠竹和黄花。他与我同来问我安心的方法，我用心与之共同安静下来。

游落星寺

女娲炼石补天漏，璇玑昼夜无停走。自从堕却玉衡星，至今七政迷前后。浑仪昼夜徒揣摩，敬授人时亦何有。玉衡堕却此湖中，眼前谁是补天手。

译文

女娲炼成五彩石补天的漏洞，北斗星昼夜不停运行。自从玉衡星坠落后，到现在日月五星还常迷失前后方向。浑天仪昼夜徒劳地揣摩测量，敬授人时又有什么呢？玉衡星坠落在此湖中，眼前谁是补天的高手呢？

游通天岩示邹陈二子

邹陈二子皆好游，一往通天十日留。候之来归久不至，我亦乘兴聊寻幽。岩扉日出云气浮，二子晞发登岩头。谷转始闻人语响，苍壁杳杳长林秋。嗒然坐我亦忘去，人生得休且复休。采芝共约阳明麓，白首无惭黄绮俦。

译文

邹姓、陈姓两位都喜欢游览，去通天岩一趟，就停留了十日。我等候他们归来，他们久久不到，我也乘兴聊作寻奇探幽。岩石门扉打开，太阳升起，云气升腾，两位先生散着头发登到山顶。到山谷转弯处听到有人说话的声音，苍壁幽暗，深长的树林秋意正浓。我沮丧独坐忘记了归去，人生该休止的时候且休止。与朋友约好共同去阳明山采取灵芝，头发白了，不愧对隐士夏黄公，绮里季等人。

青原山次黄山谷韵

咨观历州郡，驱驰倦风埃。名山特乘暇，林壑盘萦回。云石缘欹径，夏木深层隈。仰穷岚霏际，始睹台殿开。衣传西竺旧，构遗唐宋材。风松溪溜急，湍响空山哀。妙香隐玄洞，僧屋悬穹崖。扳依俨龙象，陟降临纬阶。飞泉泻灵窦，曲槛连云榱。我来慨遗迹，胜事多湮埋。邈矣西方教，流传遍中垓。如何皇极化，反使吾人猜。剥阳幸未绝，生意存枯荄。伤心眼底事，莫负生前杯。烟霞有本性，山水乞归骸。崎岖羊肠坂，车轮几倾摧。萧散麋鹿伴，涧谷终追陪。恬愉返真澹，阒寂辞喧豗。至乐发天籁，丝竹谢淫哇。千古自同调，岂必时代偕。珍重二三子，兹游非偶来。且从山叟宿，勿受役夫催。东峰上烟月，夜景方徘徊。

译文

到各州郡考察游历，驱驰奔波风尘仆仆，特地趁闲暇游览名山，林壑盘回迂绕。云与石沿着崎岖的路径，夏天的树林层叠曲折。仰视天际迷蒙的云雾，看到台阁宫殿打开。衣传天竺的旧学，有唐宋之材的遗风。风吹过松林水流急，湍急水声回荡在空谷令人悲哀，奇妙的香味隐在玄洞之中，僧人的房屋高悬建在高高的山崖上。房屋相连俨然如佛门龙象，延伸下降与横阶相邻，泉水从灵洞中飞泻，曲折的门槛连接着云椽。我来此对着遗迹感慨，美好的事情大多都被埋没。西方的佛教遥远，流传遍布了中土。为何帝王的教化，反而使我们这些人猜测？剥卦中仅存一阳爻，幸而阳气还没有灭绝，生意还存在于枯萎的草根中。为眼前的事情伤心，不要辜负了生前的抱负。烟雾云霞有本性，归葬故乡后能隐于山水间。羊肠小道崎岖，车轮几乎要倾倒摧毁。麋鹿悠然自在可为伴，溪涧山谷终归能追随相陪。恬然欢愉，返回真淡泊，寂静安然，辞别尘世喧嚣。至乐能发出天籁，谢绝丝竹的靡靡之音，千古以来自然同调，难道一定要处在相同的时代。请你们多加珍重，这交游不是偶然前来。暂且与山中老翁同宿，不受役夫的催促。东峰上明月在烟雾中升起，正在夜景中徘徊。

睡起偶成

四十余年睡梦中，而今醒眼始朦胧。不知日已过停午，起向高楼撞晓钟。

译文

四十多年了一直在睡梦中，而今清醒过来还意识朦胧。不知不觉已过正午，起来去高楼上撞敲报晓的大钟。

起向高楼撞晓钟，尚多昏睡正懵懵。纵令日暮醒犹得，不信人间耳尽聋。

译文

起身在高楼上敲报晓的大钟，还昏昏欲睡，正在懵懵状态之中。纵然令人在日暮时分清醒也可以，不相信世人的耳朵都聋了。

立春

荒村乱后耕牛绝，城郭春来见土牛。家业苟存乡井恋，风尘先幸甲兵休。未能布德惭时令，聊复题诗写我忧。为报胡雏须远塞，暂时边将驻南州。

译文

荒村在战乱后耕牛都绝迹了，城郭在春天到来时出现了土牛。还存在着家业和故乡的怀恋，风尘中最庆幸的是停止打仗。没有能够广施德行愧对时代，姑且题诗记下我的忧愁。为打击胡人要到远方边塞，边防的将士暂时驻扎在南方州郡。

游庐山开元寺

清晨入谷到斜曛，遍历青霞蹑紫云。阊阖远从双剑辟，银河真自九天分。驱驰此日原非暇，梦想当年亦自勤。断拟罢官来驻此，不教林鹤更移文。

译文

清晨进入山谷直到日斜光暗，游遍了青霞，踏着紫云。天门远远地从双剑峰旁打开，银河真的从九天分流。这一天奔波，原本没有空暇，梦想自己当年也很勤谨。准备罢官后到这里居住，不教林中的野鹤再谴责我还不归隐。

登小孤次陆良弼韵

看尽东南百二峰，小孤江上是真龙。攀龙我欲乘风去，高蹑层霄绝世踪。

译文

看尽了东南一百二十座山峰，小孤山在大江面上是真龙。攀登真龙，我想要乘风而去，高高登上层层云霄上，绝除世间的踪迹。

月下吟三首

露冷天清月更辉，可看游子倍沾衣。催人岁月心空在，满眼兵戈事渐非。方朔本无金马意，班超惟愿玉门归。白头应倚庭前树，怪我还期秋又违。

译文

霜露寒冷天气清亮，月光更加灿烂，可曾看见游子哭泣沾衣。岁月催人只有心空空地存在，满眼是兵戈战事，事情渐渐改变。东方朔本来没有争金马之意，班超只希望从玉门回归。头发白了应倚靠着庭前的树木，怪罪我归还的约定在秋季又违背了。

江天月色自清秋，不管人间底许愁。谩拟翠华旋北极，正怜白发倚南楼。狼烽绝塞寒初入，鹤怨空山夜未休。莫重三公轻一日，虚名真觉是浮沤。

译文

江上天空中的月色明亮，秋季清爽，不管人间有多少哀愁。不要想着皇上的车驾北归，正可怜白发人倚着南楼。狼烟阻绝了边塞，寒气深入，仙鹤埋怨山中空荡，长夜没有停止。不要过分看重三公之名、轻视一日的日常，真觉得虚名是浮着的泡沫。

依依窗月夜还来，渺渺乡愁坐未回。素位也知非自得，白头无奈是亲衰。当年竹下曾裘仲，何日花前更老莱。恳疏乞骸今几上，中宵翘首望三台。

译文

窗前的月亮在夜间还依依不舍地前来，乡愁渺渺，坐在那里不能平息。尸位素餐，自己也知道不值得，无奈我头发花白，父母已经衰老，当年在竹下曾像裘仲一样采食，什么时候能在花前效仿老莱子彩衣娱亲？已经几次上疏恳请辞官回乡，在夜间望着三台，翘首以待回复。

月夜二首

高台月色倍新晴，极浦浮沙远树平。客久欲迷乡国望，乱余愁听鼓鼙声。湖南水潦频移粟，碛北风烟且罢征。濡手未辞援溺苦，白头方切倚闾情。

译文

高台上的月色倍加清新晴朗，水岸尽头浮动着沙子，远处的树平整。客居日久迷茫，思念故国家园，愁绪纷乱听着鼙鼓的声音。湖南的水多常要搬动粮食救助百姓，碛北多风烟，暂且停止征伐。沾湿手也没有推辞去辛苦拯救他人，头发白时才真切体会到父母之情。

举世困酣睡，而谁偶独醒。疾呼未能起，瞪目相怪惊。反谓醒者狂，群起环斗争。洙泗辍金铎，濂洛传微声。谁鸣涂毒鼓，闻者皆昏冥。嗟尔欲奚为，奔走皆营营。何当闻此鼓，开尔天聪明。

译文

举世之人疲乏酣睡，有谁独自清醒？大声疾呼，众人不能清醒，瞪着眼怪罪惊动了他们，反过来说清醒的人发狂了，群起而攻之。鲁国洙、泗之地停止了圣人的教化，濂水和洛水（周敦颐和二程）还传承着圣学一脉。是谁敲响了涂毒鼓？听到的人都昏昏欲睡。问你究竟要做什么？众人奔走都为了谋生求利。应该听听这种鼓，开启你先天的聪慧。

雪望四首

风雪楼台夜更寒，晓来霁色满山川。当歌莫放阳春调，几处人家未起烟。

译文

风雪中楼台夜里更寒冷，拂晓来到，明朗的光辉洒满山川。唱歌时不要唱阳春调，几处人家还未生起炊烟。

初日湖上雪未融，野人村落闭重重。安居信是丰年兆，为语田夫莫惰农。

译文

早晨太阳升起时湖上的雪还未融化，野人居住的重重村落关闭。能安居住相信是丰收之年的征兆，对田夫说不要懈怠农事。

霁景朝来更好看，河山千里思漫漫。茅檐日色犹堪曝，应是边关地更寒。

译文

雪晴的景色在早晨更好看，千里河山，我思绪漫长。茅屋的房檐还能被阳光的照射，边关之地应该会更寒冷。

法象冥蒙失巨纤，连朝风雪费妆严。谁将尘世化珠玉，好与贫家聚米盐。

译文

万物灰蒙蒙的，分不清大小，连天的风雪遮盖一切白费了装扮。谁能将尘世转变为珠玉，好让贫苦人家聚积起米和盐。

火秀宫次一峰韵三首

兹山堪遁迹，上应少微星。洞里乾坤别，壶中日月明。道心空自警，尘梦苦难醒。方峤由来此，虚无隔九溟。

译文

这座山可以逃遁匿迹，应着天上的少微星。洞里别有乾坤，壶中日月分明。道心徒然自我告诫，苦于尘世之梦难清醒。仙人方峤是从此而来的，隔着虚无缥缈的九海。

其二

清溪曲曲转层林，始信桃源路未深。晚树烟霏山阁静，古松雷雨石坛阴。丹炉遗火飞残药，仙乐浮空寄绝音。莫道山人才一到，千年陈迹此重寻。

译文

清澈的溪水在层林间曲曲折折地流动，开始相信到桃花源的路不深。晚树和烟雾使山中亭阁愈加宁静，古老的松树，雷雨落下，石坛阴沉沉的。丹炉还有遗留的火星，药还有残余，仙乐浮空传来绝响。不要说山人刚来，就要在此重寻那千年前的陈迹。

其三

落日下清江，怅望阁道晚。人言玉笥更奇绝，漳口停舟路非远。肩舆取径沿村落，心目先驰嫌足缓。山昏欲就云储眠，疏林月色与风泉。梦魂忽忽到真境，侵晓徆迹来洞天。洞天非人世，予亦非世人。当年曾此寄一迹，屈指忽复三千春。岩头坐石剥落尽，手种松柏枯龙鳞。三十六峰仅如旧，涧谷渐改溪流新。空中仙乐风吹断，化为鼓角惊风尘。风尘惨淡半天地，何当一扫还吾真。从行诸生骇吾说，问我恐是兹山神。君不见广成子，高卧崆峒长不死，到今一万八千年，阳明真人亦如此。

译文

太阳落在清清的江水中，怅然望着晚上的阁道。人们都说玉笥景色更奇绝，在漳口停船靠岸道路不太远，轿子沿着村落取道而行，心眼已先到，嫌脚程太慢。山色昏暗，想要在云中安歇，疏落的林中有月色与风泉，梦中的魂魄忽然来到真境，早晨循着踪迹来到洞天之地。洞天不是人世，我也不是人间的人。当年曾经在这里留下足迹，屈指一数，忽然过去了三千个春秋。在山顶坐在剥落尽的石上，亲手种下如枯龙鳞似的松柏树。三十六座山峰还同旧日一样，山涧川谷渐渐变化，溪流新流出。空中仙乐声被风吹断，化作鼓角之声惊动了风尘，风尘中惨淡痛苦，如何能一扫干净回归我的本真。从行的诸位为我的言论所惊骇，询问我恐怕是这座山中的神仙吧。你没有看见广成子，在崆峒山中高卧，长生不死，到今天已一万八千年了，阳明真人也是这样的。

归怀

行年忽五十，顿觉毛发改。四十九年非，童心独犹在。世故渐改涉，遇坎稍无馁。每当快意事，退然思辱殆。倾否作圣功，物睹岂不快？奈何桑梓怀，衰白倚门待。

译文

年龄忽到五十岁了，顿时觉得毛发变了。四十九年来都错，唯独童心还在，世间情形逐渐改变，遇到坎坷还可以不气馁。每次遇到快意的事，谦退思量不要陷入困辱和危险。消除丧乱成就圣人之功，睹物难道会不高兴？奈何我有思乡情怀，头发衰白的双亲正倚着门待我归家。

啾啾吟

知者不惑仁不忧，君胡戚戚眉双愁？信步行来皆坦道，凭天判下非人谋。用之则行舍即休，此身浩荡浮虚舟。丈夫落落掀天地，岂顾束缚如穷囚。千金之珠弹鸟雀，掘土何烦用镯镂？君不见东家老翁防虎患，虎夜入室衔其头？西家儿童不识虎，执竿驱虎如驱牛。痴人惩噎遂废食，愚者畏溺先自投。人生达命自洒落，忧谗避毁徒啾啾。

译文

智者不困惑，仁者不忧愁，你为何悲戚紧锁眉头？信步走来都是平坦大道，凭借天意来判别，不是人能图谋的。被任用就施展抱负，不被任用就藏身自好，这身体就是浩荡空中浮着的虚舟。丈夫磊落能掀动天地，岂能被束缚如困窘的犯人一样？用价值千金的珠子弹鸟雀，挖掘土地还劳烦用什么宝剑？你看不见东家的老翁防备虎患，老虎在夜间进入室内，咬掉了他的头。西家儿童不认识老虎，拿着长竿像驱牛一样驱走老虎。痴呆的人因噎废食，愚昧的人害怕溺水先自己跳入水中。人生达命自然洒脱，忧惧谗言，躲避诋毁，徒劳发出凄切的叫声。

居越诗三十四首

正德辛巳年归越后作

归兴二首

百战归来白发新，青山从此作闲人。峰攒尚忆冲蛮阵，云起犹疑见虏尘。岛屿微茫沧海暮，桃花烂漫武陵春。而今始信还丹诀，却笑当年识未真。

译文

战斗百场归来新添了白发，从此在青山中作个闲人。峰头攒动，还能想起冲击蛮人兵阵的情形，云雾升起怀疑看到了敌人掀起的尘土。岛屿微茫，沧海日暮，桃花烂漫，原来是春日武陵。而今开始相信炼仙丹的秘诀，却笑当年的认识不够真切。

其二

归去休来归去休，千貂不换一羊裘。青山待我长为主，白发从他自满头。种果移花新事业，茂林修竹旧风流。多情最爱沧州伴，日日相呼理钓舟。

译文

归去后，千件貂皮也不换一身羊裘。青山等我来长久地做主人，任白发长满头。种果移花是新事业，繁茂的竹林、修长的竹子，是旧日的风趣。情谊深厚最喜欢有沧州做伴，每日相互招呼在船上钓鱼为乐。

次谦之韵

珍重江船冒暑行，一宵心话更分明。须从根本求生死，莫向支流辨浊清。久奈世儒横臆说，竞搜物理外人情。良知底用安排得，此物由来自浑成。

译文

在江船上冒暑气而行，要多加珍重，一夜的心里话意思分明。须要从根本上探求生死之理，不要在枝节上辨别清浊。奈何世上儒生长久横生臆想之说，竞相到人心之外去寻求物理人情。良知哪里用人安排谋划？这东西是自然浑成的。

再游浮峰次韵

廿载风尘始一回，登高心在力全衰。偶怀胜事乘春到，况有良朋自远来。还指松萝寻旧隐，拨开云石翦蒿莱。后期此别知何地，莫厌花前劝酒杯。

译文

二十年从风尘中回来游览一次，登高峰的心还在，力气全衰弱了。趁着春天到来，偶然想去游览胜景，况且还有好朋友从远方赶到。到松树与藤萝处寻访旧时的隐居之处，拨开云间的石头，剪蒿草莱草。再次见面不知在什么地方，不要厌烦在花前频频劝你喝酒。

夜宿浮峰次谦之韵

日日春山不厌寻，野情原自懒朝簪。几家茅屋山村静，夹岸桃花溪水深。石路草香随鹿去，洞门萝月听猿吟。禅堂坐久发清磬，却笑山僧亦有心。

译文

每天不厌其烦地寻访春山，有野趣是由于疏懒政事，有几家茅屋的山村很安静，桃花夹在两岸盛开，溪水很深。石头路上草发出的香味，随鹿而去，山洞口的萝藤在月光下，听到猿猴的长吟。在禅堂坐得时间长了，传来清亮的击磬声，却笑山中僧人也是有心的。

再游延寿寺次旧韵

历历溪山记旧踪，寺僧遥住翠微重。扁舟曾泛桃花入，歧路心多草树封。谷口鸟声兼伐木，石门烟火出深松。年来百好俱衰薄，独有幽探兴尚浓。

译文

旧日游览溪山的踪迹历历在目，寺中的和尚住在遥远的重重翠绿之中。乘扁舟曾经进入过桃花源，心里埋怨歧路多，草和树林封住了路口。山谷口的鸟鸣伴随砍伐木头声，石门的烟火从松树林深处生起。多年来各种喜好都衰微淡薄，只有探幽访奇的兴致还很浓厚。

碧霞池夜坐

一雨秋凉入夜新，池边孤月倍精神。潜鱼水底传心诀，栖鸟枝头说道真。莫谓天机非嗜欲，须知万物是吾身。无端礼乐纷纷议，谁与青天扫宿尘。

译文

一场秋雨下过到夜间令人感到清新，在孤月下坐在池边，倍觉精神。鱼潜入水底，传授心诀，栖息在枝头上的鸟说着大道真谛。不要说天机不是贪欲，要知道万物就是我的身体。纷纷议论无端的礼乐，谁给青天扫除旧日的灰尘。

秋声

秋来万木发天声，点瑟回琴日夜清。绝调回随流水远，余音细入晚云轻。洗心真已空千古，倾耳谁能辨《九成》。徒使清风传律吕，人间瓦缶正雷鸣。

译文

秋天万木发出天籁之声，日夜点瑟弹琴清新怡人。绝调婉转随着流水传得很远，余音飘散入傍晚的云中细微轻巧。洗去心中灰烬不论千古，倾耳细听，谁能分辨出九成之乐。只是让清风传曲调，人间的瓦缶正发出雷声般的轰鸣。

林汝桓以二诗寄次韵为别

断云微日半晴阴，何处高梧有凤鸣。星汉浮槎先入梦，海天波浪不须惊。鲁郊已自非常典，膰肉宁为脱冕行。试向沧浪歌一曲，未云不是《九韶》声。

译文

云散开日光熹微，半晴半阴，何处高高的梧桐树上有凤凰在鸣叫，在星汉天际乘着木筏，进入梦乡，不要景叹海天上的波浪，鲁国祭天已经不是常规的典制了，不讲礼仪脱冕而行怎能得到祭祀的熟肉，试着向沧浪高歌一曲，不要说那不是《九韶》之音。

尧舜人人学可齐，昔贤斯语岂无稽。君今一日真千里，我亦当年苦旧迷。万理由来吾具足，《六经》原只是阶梯。山中尽有闲风月，何日扁舟更越溪。

译文

通过学习人人和尧舜一样，昔日圣贤的话难道是无稽之谈吗，你现在一日行千里，我当年也曾苦苦为旧日的认知迷惘。我具备万物由来而生的道理，《六经》原本只是用于求道的阶梯。山中悠闲的清风明月应有尽有，什么时候乘扁舟跨过溪流。

月夜二首

与诸生歌于天泉桥

万里中秋月正晴，四山云霭忽然生。须臾浊雾随风散，依旧青天此月明。肯信良知原不昧，从他外物岂能撄。老夫今夜狂歌发，化作钧天满太清。

译文

中秋夜里挂在万里长空中的月亮皎洁，四面山上忽然升起了云雾。片刻之间浑浊的雾气随风而散，青天依旧，此月仍晴朗。相信良知原本不晦暗，从外在的事物上面怎么能寻找到，老夫今天夜狂歌一曲，化为天乐飘满空中。

处处中秋此月明，不知何处亦群英。须怜绝学经千载，莫负男儿过一生。影响尚疑朱仲晦，支离羞作郑康成。铿然舍瑟春风里，点也虽狂得我情。

译文

中秋时各处的月光都明亮，不知什么地方也有群英聚集，要珍惜经历了千年的绝学，不要辜负了好男儿的一生。怀疑朱熹（字仲晦）之学空虚不实，羞于作郑玄（字康成）那样支离破碎的学问。在春风里果断舍去琴瑟，曾点虽然狂，但深得我心。

秋夜

春园花木始菲菲，又是高秋落叶稀。天迥楼台含气象，月明星斗避光辉。闲来心地如空水，静后天机见隐微。深院寂寥群动息，独怜乌鹊绕枝飞。

译文

春天花园里的花木刚开始繁茂，到了秋季又是落叶凋零，天远处的楼台含气象，明月与星斗遮蔽光辉。闲来无事心如空水一样，安静下来，从天机中看到了隐微之理。院子深深的，寂静寥落，各种动静消歇，怜惜只有乌鹊独自绕着树枝飞翔。

夜坐

独坐秋庭月色新，乾坤何处更闲人。高歌度与清风去，幽意自随流水春。千圣本无心外诀，六经须拂镜中尘。却怜扰扰周公梦，未及惺惺陋巷贫。

译文

独坐在秋日庭院中月色清新，天地间还什么地方有闲人？放声高歌，声音随清风远去，幽雅的意致随着流水春意盎然。圣人本来没有在心以外的秘诀，《六经》还要拂去镜中的灰尘。却怜惜周公梦境纷乱，不及陋巷中聪慧贫穷的颜回。

心渔歌为钱翁希明别号题

钱翁，德洪父，三岁双瞽，好古博学，能诗文

有渔者歌曰："渔不以目惟以心，心不在鱼渔更深。北溟之鲸殊小小，

一举六鳌未足歆。”“敢问何如其为渔耶？”曰：“吾将以斯道为网，良知为纲，太和为饵，天地为舫，絜之无意，散之无方。是谓得无所得，而忘无可忘者矣。”

译文

有打鱼的人唱歌道：“打鱼不用眼睛，只用心灵，心灵不在鱼上，打鱼更加深难。北海的鲸太小，一举捕到六只大鳌不足以让人羡慕。”“敢问是如何打鱼的？”答道：“我将以大道作为网，良知为纲，太和作诱饵，天地为船舫，无意间结起，散开没有固定方向，这样就都可以得到，都不会忘记。”

登香炉峰次萝石韵

曾从炉鼎蹑天风，下数天南百二峰。胜事纵为多病阻，幽怀还与故人同。旌旗影动星辰北，鼓角声回沧海东。世故茫茫浑未定，且乘溪月放归蓬。

译文

曾在香炉、方鼎上踩踏天风，向下数了天南一百零二座山峰。美好的事情尽管有许多被疾病阻断，幽静的心怀还和朋友相同。北斗星移，旌旗飘动，鼓角声回荡在沧海东面。世事茫然没有定势，姑且乘着溪中的月色，放蓬船而归。

观从吾登炉峰绝顶戏赠

道人不奈登山癖，日暮犹思绝栈云。岩底独行穿虎穴，峰头清啸乱猿群。清溪月出时寻寺，归棹城隅夜款门。可笑中郎无好兴，独留松院坐黄昏。

译文

道人耐不住登山的癖好，太阳快落山了还在想去攀爬高绝入云的栈道。在山岩下独自行走穿越虎穴，在峰顶上清啸扰乱猿猴啼叫，月亮升起在清澈的溪流上，此时寻觅山间古寺。乘舟回来夜已深，敲响已关闭的城门，可笑中郎没有这样的雅兴，在黄昏中独自坐在植松的庭院中。

书扇赠从吾

君家只在海西隈，日日寒潮去复回。莫遣扁舟成久别，炉峰秋月望君来。

译文

您家住在大海西边，每天看到寒潮水去了又回。不要让乘船离去后成为永别，炉峰上的秋月盼望着您能再来。

嘉靖甲申冬二十一日再登秦望自弘治戊午登后二十七年矣将下适董萝石与二三子来复坐久之暮归同宿云门僧舍

初冬风日佳，杖策登崔嵬。自予羁宦迹，久与山谷违。屈指廿七载，今兹复一来。沿溪寻往路，历历皆所怀。跻险还屡息，兴在知吾衰。薄午际峰顶，旷望未能回。良朋亦偶至，归路相徘徊。夕阳飞鸟静，群壑风泉哀。悠悠观化意，点也可与偕。

译文

初冬一个天气晴好的日子，拄着手杖攀登高山。自从我被官途束缚，很久都没有到山谷中游览，屈指算来，有二十七年了，今日又来到了这里。沿着溪水寻觅往日的路，周围的景象都历历在目。登上高险之处数次休息，兴致仍在但知道我衰老了。近中午时到达峰顶，极目远望不能回。老朋友也偶然来到此地，在回去的路上相互徘徊不舍得离开。夕阳西下，飞鸟安静，群山中风吹泉水的声音令人感到悲哀。观察天地造化悠悠的意蕴，曾点可与我同行。

山中漫兴

清晨急雨度林扉，余滴烟稍尚湿衣。雨水霞明桃乱吐，沿溪风暖药初肥。物情到底能容懒，世事从前顿觉非。自拟春光还自领，好谁歌咏月中归。

译文

清晨一阵急雨浇过林中屋舍，过后的雨滴和淡淡烟霭仍能浸湿衣裳。雨水令云霞增色，照映着桃花绽放，沿着溪水，暖风吹过，芍药花刚刚成熟。慵懒的态度终究能得到人情的谅解，过往世事而今顿生悔悟。我自己想象的春光还由我自己领受，又是谁踏着歌从月色中归来。

挽潘南山

圣学宫墙亦久荒，如公精力可升堂。若为千古经纶手，只作终年著述忙。末俗浇漓风益下，平生辛苦意难忘。西风一夜山阳笛，吹尽南冈落木霜。

译文

圣人之学的宫墙已荒废很久，以先生您的学问可以在孔门升堂入室了。拥有超迈古今经邦济世的能力，却只终年忙碌于著书立说。末流俗儒越来越浅薄，世间的风气每况愈下，您一生经历的艰辛困苦，想必难以忘怀。我在西风中追念亡故的朋友，感旧伤怀，冷风一夜间吹尽了南山落叶上的冰霜。

和董萝石菜花韵

油菜花开满地金，鹁鸠声里又春深。闾阎正苦饥民色，畎亩长怀老圃心。自有牡丹堪富贵，也从蜂蝶谩追寻。年年开落浑闲事，冥赏何人共此襟。

译文

油菜花开满地金黄，在鹎鸠叫声中春日渐晚。老百姓正遭受苦难，面带饥色。我在田间辛勤耕作，像老园丁一样。自然有富贵的牡丹可欣赏，也只能像蜜蜂、蝴蝶一样追寻奔忙。年复一年花开花落都是闲事，谁有这个闲情逸致来一起欣赏？

天泉楼夜坐和萝石韵

莫厌西楼坐夜深，几人今夕此登临。白头未是形容老，赤子依然浑沌心。隔水鸣榔闻过棹，映窗残月见疏林。看君已得忘言意，不是当年只苦吟。

译文

不要厌烦在西楼坐到深夜，有几人今夜能够登临此楼？头发虽然渐渐变白而容颜尚未老去，依然保持着赤子般的淳朴之心。隔水听到经过的渔舟上敲击榔板的声音，只见残月映照着稀疏的树林。我看您已经悟得了言语外的含意，不像当年只能反复吟咏、苦心推敲。

咏良知四首示诸生

个个人心有仲尼，自将闻见苦遮迷。而今指与真头面，只是良知更莫疑。

译文

每个人的心中都有一个孔圣人，只是自己被知识和外物遮掩迷惑。如今将真面目揭示出来，这就是每个人原本具有的良知，是毫无疑问的。

问君何事日憧憧，烦恼场中错用功。莫道圣门无口诀，良知两字是参同。

译文

请问您因什么事每日行色匆匆、心神不定？恐怕是在外界的烦恼场中用错了功夫，不要说进入圣道之门没秘诀，良知二字正是需要认真参究的。

人人自有定盘针，万化根源总在心。却笑从前颠倒见，枝枝叶叶外头寻。

译文

每个人心中都有个指南针，天地造化、万事万物的根源都在这颗心。可笑的是从前的认知都是颠倒的，一举一动总是向外追求。

无声无臭独知时，此是乾坤万有基。抛却自家无尽藏，沿门持钵效贫儿。

译文

只有自己能感知、无声无味的就是良知，这是天地万有的根基。不要抛弃自家无尽的宝藏，像乞丐一样拿着钵沿街乞讨。

示诸生三首

尔身各各自天真，不问求人更问人。但致良知成德业，谩从故纸费精神。乾坤是易原非画，心性何形得有尘。莫道先生学禅语，此言端的为君陈。

译文

你们每个人都各自有天真本性，不用向别人求，更不需要询问别人。只要能实现良知，成就道德功业，不要迷失于故纸堆，将精力浪费。天地万物本是大道运化而成，并非八卦所画；人的心又有什么形体，能蒙受尘埃？不要说先生学的是禅宗的学说，我这些话确实是专为各位陈说的。

人人有路透长安，坦坦平平一直看。尽道圣贤须有秘，翻嫌易简却求难。只从孝弟为尧舜，莫把辞章学柳韩。不信自家原具足，请君随事反身观。

译文

人人都有通往长安城的道路，且平坦笔直。都说圣贤之道须有秘诀，反而嫌弃简易的路径，而去寻求困难的方法。只要力行孝悌便可成为尧舜；不可像韩愈、柳宗元那样，沉迷于辞章。若不信自己本来具足良知，请遇事自我观照内心。

长安有路极分明，何事幽人旷不行。遂使蓁茅成间塞，尽教麋鹿自纵横。徒闻绝境劳悬想，指与迷途却浪惊。冒险甘投蛇虺窟，颠崖堕壑竟亡生。

译文

去往长安城的路极分明，为什么隐士们荒废不行？于是使荆棘、茅草成为间关要塞，让麋鹿自在奔走。徒然听说有绝境而空想办法，将光明大道指示给你，却感到惊讶。于是甘愿投入满是毒蛇的洞穴，在颠倒错乱中坠下悬崖而亡身丧命。

答人问良知二首

良知即是独知时，此知之外更无知。谁人不有良知在，知得良知却是谁。

译文

良知是只有自己才能感知体会到的，良知之外更没有别的知见。谁没有良知存在呢，感知到了良知之后，自己又是谁呢？

知得良知却是谁，自家痛痒自家知。若将痛痒从人问，痛痒何须更问为。

译文

是谁才能感知到良知，自家的痛痒只有自家知道，如果拿自己的痛痒去问别人，痛痒又何须再去询问呢？

答人问道

饥来吃饭倦来眠，只此修行玄更玄。说与世人浑不信，却从身外觅神仙。

译文

饥饿了吃饭，困倦了睡觉，这种修行是最玄妙的。说给世人全不相信，却从身外寻找神仙。

寄题玉芝庵

丙戌

尘途骏马劳千里，月树鹪鹩足一枝。身既了时心亦了，不须多羡碧霞池。

译文

尘途上有劳骏马奔驰千里，月下鹪鹩在一条枝上栖息，生命结束心灵也就了结了，不必更多地羡慕碧霞池。

别诸生

绵绵圣学已千年，两字良知是口传。欲识浑沦无斧凿，须从规矩出方圆。不离日用常行内，直造先天未画前。握手临歧更何语，殷勤莫愧别离筵。

译文

圣学已经流传不绝千年，良知两个字是亲口传下来的。想分清浑沦不需要用斧头开凿，须要用规矩才能画出方圆。不离日用，常向内探求，直接达到先天没有画卦以前。在分岔路上握手言别还有什么话？各位要勤奋不要辜负离别的筵席。

后中秋望月歌

一年两度中秋节，两度中秋一样月。两度当筵望月人，几人犹在几人别。此后望月几中秋，此会中人知在否。当筵莫惜殷勤望，我已衰年半白头。

译文

一年中过了两次中秋节，两次中秋节有一样的月亮。两次在筵席上望月亮的人，有几个人还在，几个人离别？从此以后的中秋节望月亮的人中，这次相会的人们不知在不在？在筵席上不要吝惜祝愿和热情，我已经年纪衰老头发半白。

书扇示正宪

汝自冬春来，颇解学文义。吾心岂不喜，顾此枝叶事。如树不植根，暂荣终必瘁。植根可如何，愿汝且立志。

译文

你从冬春以来，颇明白学文章的道理。我的心难道不高兴？这与种树生长枝叶一样的，如果树不长根，暂时茂盛之后一定会枯萎。种树根怎样做呢？希望你先要立下志向。

送萧子雍宪副之任

衰疾悟止足，闲居便静修。采芝深谷底，考槃南涧头。之子亦早见，枉帆经旧丘。幽寻意始结，公期已先遒。星途触来暑，拯焚能自由。黄鹄一高举，刚风翼难收。怀兹恋丘陇，回顾未忘忧。往志局千里，岂伊枋榆投。哲士营四海，细人聊自谋。圣作正思治，吾衰亮何酬。所望登才俊，济济扬鸿休。隐者嘉肥遁，仕者当谁俦。宁无寥寂念，宜急疮痍瘳。舍藏应有时，行矣毋淹留。

译文

衰老生病知道要止步，闲来居住便静心修养。在深谷底采灵芝，在南涧头筑木屋。你也早早见过，驾船经过以前的山丘。寻幽探奇的心意刚结下，你赴任的时间已经先到了。星夜途中感受到暑气来临，救人于危难，使之都能自由。黄鹄一振翅高飞，刚强的风使羽翼很难收起来。怀念这片山丘，回首没有忘记忧愁。志在千里之外，难道要像蜩与学鸠投向榆树与枋树就停下吗？哲人经营四海，狭隘的人只为自己谋生。圣人正思考如何治理国家，我衰老了如何酬答这番厚望？只希望才人俊士能上进，济济一堂创造鸿大的功业。隐者乐于逃避世俗，做官的人当以谁为伴？宁可没有隐居寂寥的念头，应该急于救治百姓的苦痛。退而隐居会有实现的时候，出发吧不要被滞留。

中秋

去年中秋阴复晴，今年中秋阴复阴。百年好景不多遇，况乃白发相侵寻。吾心自有光明月，千古团圆永无缺。山河大地拥清辉，赏心何必中秋节。

译文

去年中秋节，天气由阴转晴，今年中秋节，阴天还是阴天。百年的好景不多遇到，况且我头发逐渐花白。我心中自有光明的月亮，千古团圆没有缺憾，山河大地笼罩了清辉，赏心悦目何必一定在中秋节。

嘉靖丙戌十二月庚申始得子年已五十有五矣六月静斋二丈昔与先公同举于乡闻之而喜各以诗来贺蔼然世交之谊也次韵为谢二首

海鹤精神老益强，晚途诗价重圭璋。洗儿惠比金钱贵，烂目光呈奎井祥。何物敢云绳祖武，他年只好共爷长。偶逢灯事开汤饼，庭树春风转岁阳。

译文

海鹤的精神是老当益壮，晚年的诗篇价值比圭璋美玉贵重。得到新生儿的恩惠比金钱珍贵，绚烂耀眼的光呈现出奎井高中的吉祥。是何物敢说要继续祖先的功业？他年只好一起做长辈。偶然遇到灯事，便开汤饼之宴，庭中树木随春风到了阳气生发时节，变得茂盛了。

其二

自分秋禾后吐芒，敢云琢玉晚珪璋。漫凭先德余家庆，岂是生申降岳祥。携抱且堪娱老况，长成或可望书香。不辞岁岁临汤饼，还见吾家第几郎。

译文

自己估量着是秋禾吐出青芒，敢说玉器经雕琢大器晚成，能成珪璋，是凭借着先辈的福泽给家中带来吉庆？难道是生日祝词让岳家降下的祥兆？相携拥抱小儿足以令晚年愉悦，他长大后或许有望有书香之气。年年都要举办汤饼宴，还能看到我家的第几位儿郎？

两广诗二十一首

嘉靖丁亥起平思田之乱

秋日饮月岩新构别王侍御

湖山久系念，块处限形迹。遥望一水间，十年靡由即。军旅起衰废，驱驰岂遑息。前旌道回冈，取捷上畸侧。新构郁层椒，石门转深寂。是时霜始降，风凄群卉拆。壑静响江声，窗虚涵海色。夕阴下西岑，凉月穿东壁。观风此余情，抚景见高臆。匪从群公饯，何因得良觌。南檄方如毁，救焚敢辞亟。来归幸有期，终遂幽寻癖。

译文

久久挂念湖水与山色，居处限制了形迹。隔一条河遥望，十年来不能即刻前往。为了军旅之事勉强让衰微之身奋起，我驱驰奔波哪敢休息，前面道路上旌旗在山冈中回转，为走捷径从崎岖山路侧面取道，新长的椒树茂密浓郁层层叠叠，石门转入深远寂寥中。此时霜开始降下，风声凄切群花凋败。山谷安静，江水声在其中回响，窗户空明映着海的颜色。夕阳从西边的山丘落下，月光穿过东边凉凉的石壁，观赏风景，心中感慨兴致高昂。若不是随诸位先生设席告别，如何能看到这样的好风景？南方刚传来军情情势危急，救急危难怎敢推辞，若有幸能在某日归来，终归要实现寻访幽景的嗜好。

复过钓台

忆昔过钓台，驱驰正军旅。十年今始来，复以兵戈起。空山烟雾深，往迹如梦里。微雨林径滑，肺病双足胝。仰瞻台上云，俯濯台下水。人生何碌碌，高尚当如此。疮痍念同胞，至人匪为己。过门不遑入，忧劳岂得已。滔滔良自伤，果哉末难矣。

译文

回忆昔日路过钓台，正在军旅中奔波驱驰。十年过去，今天才又来，又是因为发生了战争。山中空旷，烟幽深远，过去的踪迹如在梦中。小雨中林间的路很滑，我得了肺病，双足长满老茧，仰视台上的云，俯身在台下的水中洗手，人生为何忙忙碌碌？高尚的事当应如此。念及同胞经受的苦难，至人不是为了自己考虑，过家门而没时间进入，忧愁和劳累岂能停止？我独自心伤，果真是困难啊！

右正德己卯献俘行在，过钓台而弗及登。今兹复来，又以兵革之役，兼肺病足疮，徒顽瞻怅望而已。书此付桐庐尹沈元材刻置亭壁，聊以纪经行岁月云耳。嘉靖丁亥九月廿二日书，时从行进士钱德洪、王汝中、建德尹杨思臣及元材，凡四人。

译文

正德十四年献俘行营，路过钓台没来得及攀登。今天又来此地，又是因战争的缘故，加上肺病和足疮，我只能惆怅瞻视而已。写下这些话，交给桐庐尹沈元材刻在亭子的石壁上，姑且用来记行过此地的时间罢了。嘉靖六年九月二十二日所书，当时随行的有进士钱德洪、王汝中、建德尹杨思臣和沈元材共四个人。

方思道送西峰

西峰隐真境，微境临通衢。行役空屡屡，过眼被尘迷。青林外延望，中闷何由窥。方子岩廊器，兼已云霞姿。每逢泉石处，必刻棠陵诗。兹山秀常玉，之子囊中锥。群峰灏秋气，乔木含凉吹。此行非佳饯，谁为发幽奇。奈何眷清赏，局促牵至期。悠悠伤绝学，之子亦如斯。为君指周道，直往勿复疑。

译文

西峰隐藏在真境中，微妙的境地临着通畅的大道，屡次因兵役公务出行，眼前被尘土所迷。在青林外远望，山中的幽静如何能看到？方子是朝廷的大器，加上云霞般的美质。每次遇到有泉水和石头的地方，必定刻下棠陵诗。这座山清秀如玉，这个人像布囊中的锥子。群峰浩荡在秋气之中，乔木被凉风吹拂。若不是有此番美好的饯别，谁能发现如此幽静奇妙的景色？奈何只能粗略观赏，时间又在限制着我们。悠悠然为绝学感伤，你也是这样。为你指向大路，径直前行不要再迟疑。

西安雨中诸生出候因寄德洪汝中并示书院诸生

几度西安道，江声暮雨时。机关鸥鸟破，踪迹水云疑。仗钺非吾事，传经愧尔师。天真石泉秀，新有鹿门期。

译文

几次经过西安道，暮雨中传来江水的声音。机关被鸥鸟识破，踪迹连水云都起疑。作战不是我的事业，传授经学，愧为你们的老师。泉水和石头清秀天真，新定下归隐的期约。

德洪汝中方卜书院盛称天真之奇并寄及之

不踏天真路，依稀二十年。石门深竹径，苍峡泻云泉。泮壁环胥海，龟畴见宋田。文明原有象，卜筑岂无缘。

译文

不踏上天真之路，依稀已有二十年，石门在竹径深处，苍绿的山峡中云泉飞泻，书院的墙壁环绕着胥海，在宋田看到负文而出的神龟。文明原本是有迹象，占卜选定在此建屋难道没有缘由？

寄石潭二绝

仆兹行无所乐，乐与二公一会耳。得见闲斋，固已如见石潭矣。留不尽之兴于后期，岂谓乐不可极耶？闻尊恙已平复，必于不出见客，无乃太以界限自拘乎？奉次二绝，用发一笑，且以致不及请教之憾。

译文

我此行没什么可快乐的事，喜欢的是与二公一相会。得以见到闲斋，就如同已看到石潭一样。把没有尽的余兴留给了以后，难道说欢乐是不可穷极的吗？听说您的病已痊愈了，却一定不出来见客人，这不是太以界限来约束自己吗？奉上两首绝句，博得一笑，并且表达不及向您请教的遗憾。

见说新居止隔山，肩舆晓出暮堪还。知公久已藩篱撤，何事深林尚闭关。

译文

听说新居只隔着山，早晨乘轿子出去，到日暮才堪堪返回，知道您已经很早就撤去了篱笆，因为什么事情，仍在深林中闭关？

乘兴相寻涉万山，扁舟亦复及门还。莫将身病为心病，可是无关却有关。

译文

乘着兴致涉越万山去寻访，扁舟到了门前又返还。不要将身体的疾病当作心病，虽然没有直接关系，但却实在相关。

长生

长生徒有慕，苦乏大药资。名山遍探历，悠悠鬓生丝。微躯一系念，去道日远而。中岁忽有觉，九还乃在兹。非炉亦非鼎，何坎复何离。本无终始究，宁有死生期。彼哉游方士，诡辞反增疑。纷然诸老翁，自传困多歧。乾坤由我在，安用他求为？千圣皆过影，良知乃吾师。

译文

徒然羡慕长生之人，苦于没有仙药资助。游遍了名山大川探寻，鬓边悠悠生出白发。微弱的身躯由一丝信念维系，向外探求距离大道日益遥远，中年忽然对此有所觉醒，九还仙丹就在自身这里，不是炉火也不是大鼎，也不是坎不是离。本来没有起始与终结，哪有死亡和生存的时间，那些游方之人，诡谲的言辞反而增添了疑惑。众多老翁纷然混乱，自己传讲却困于众多的问题分歧。乾坤由我而在，哪用求于他物？千圣都是过往影子，良知才是我的老师。

南浦道中

南浦重来梦里行，当年锋镝尚心惊。旌旗不动山河影，鼓角犹传草木声。已喜闾阎多复业，独怜饥馑未宽征。迂疏何有甘棠惠，惭愧香灯父老迎。

译文

重新来到了南浦如在梦中一般，当年的战争还让我心惊。旌旗吹不动山河的影子，鼓角声中仍传送来草木的声响。欣喜听到乡口人家大都恢复日常作业，独独怜惜饥饿的人没有得到宽松的征税。我迂腐疏阔，哪里有《甘棠》篇所说的恩惠，惭愧面对父老乡亲们举着香灯来迎接。

重登黄土脑

一上高原感慨重，千山落木正无穷。前途且与停西日，此地曾经拜北风。剑气晚横秋色净，兵声寒带暮江雄。水南多少流亡屋，尚诉征求杼轴空。

译文

一登上高原感慨深重，千山上正在不停地落叶，暂时在落日时分停在此处，曾经在此地拜过北风。晚上剑气横空，秋色净洁，日暮的江上，兵戈声寒冷而雄壮。水的南边有多少流亡的人家，还在诉说征税繁重使家中空空如也。

过新溪驿

犹记当年筑此城，广瑶湖寇正纵横。人今乐业皆安堵，我亦经过一驻兵。香火沿门惭老稚，壶浆远道及从行。峰山拿手疲劳甚，且放归农莫送迎。

译文

还记得当年建筑这座城的情形，湖广的寇贼正猖獗横行。现在人们在这里安居乐业，我也经过，并在此驻扎军队。沿门的香火燃起，愧对老人、儿童，他们拿着茶水和酒浆，从远方前来为我送行相随。我已年老力不从心，十分疲劳，姑且让我归去种田，莫要再欢迎相送了。

梦中绝句

此予十五岁时梦中所作。今拜伏波祠下，宛如梦中。兹行殆有不偶然者，因识其事于此。

译文

这是我十五岁时在梦中作，今天拜谒伏波祠，好像在梦中。这行程大概不是偶然，因而将这件事记录在此。

卷甲归来马伏波，早年兵法鬓毛皤。云埋铜柱雷轰折，六字题诗尚不磨。

译文

从战场上归来的伏波将军马援，早年学兵法，到如今已鬓发斑白，铜柱埋在云间，被雷击折断，六字的题诗还没有磨灭。

谒伏波庙二首

四十年前梦里诗，此行天定岂人为。徂征敢倚风云阵，所过须同时雨师。尚喜远人知向望，却惭无术救疮痍。从来胜算归廊庙，耻说兵戈定四夷。

译文

四十年前在梦里所作的诗，这次行程是天意所定不是人为，出征敢凭借风云布阵，所经过之地与雨师相同。欣喜远方的人知道归顺，却惭愧没有什么办法来拯救百姓疾苦。从来把运筹帷幄获得胜利归为朝廷之功，耻于说用武力平定了四夷。

楼船金鼓宿乌蛮，鱼丽群舟夜上滩。月绕旌旗千嶂静，风传铃柝九溪寒。荒夷未必先声服，神武由来不杀难。想见虞廷新气象，两阶干羽五云端。

译文

战船停在西南乌蛮一带，像鱼群一样的战船，夜间登上了河滩。月色照耀旌旗千峰安静无声，风传送铃柝声，九溪生出寒意。荒夷之地未必就先来归服，即使是英明威武的人也很难不杀戮，想象到圣朝新气象，两阶之上（象征文德教化的）有干盾和羽翳和象征吉祥的五色瑞云。

破断藤峡

才看干羽格苗夷，忽见风雷起战旗。六月徂征非得已，一方流毒已多时。迁宾玉石分须早，聊庆云霓怨莫迟。嗟尔有司惩既往，好将恩信抚遗黎。

译文

刚看到苗夷之地被文德教化，忽然看见风雷战旗扬起。六月出征是不得已而为，是由于一方的流毒已经传播多时，迁移江县、宾州（为实现桂中地区的长治久安，尽快完成宾州南丹卫的迁移），对待民众要区分良莠采取不同方式管理，柳州府与庆远府的民众们心怀怨气，希望能早日平安稳定。有关官员应该以过去为鉴，好用恩惠与信任来安慰遗留的百姓。

平八寨

见说韩公破此蛮，貔貅十万骑连山。而今止用三千卒，遂尔收功一月间。岂是人谋能妙算，偶逢天助及师还。穷搜极讨非长计，须有恩威化梗顽。

译文

人们说为平定大藤峡与八寨之乱韩雍采取强攻破除蛮族，十万骑兵连满了山峰。如今只用了三千名士兵，一个月间就得到成功。岂是人的计谋善于巧妙安排，是偶尔遇到天助，士兵收战归去。搜捕、讨伐终究不是长远之计，须要有恩惠与威严才能感化驯服这些顽固之民。

南宁二首

一驻南宁五月余，始因送远过僧庐。浮屠绝壁经残燹，井灶沿村见废墟。抚恤尚惭凋弊后，游观正及省耕初。近闻襁负归瑶僮，莫陋夷方不可居。

译文

在南宁驻兵五个多月，因送别远行的人从僧舍经过。绝壁上的佛塔还有焚烧后的残迹，沿村看到井灶废墟。惭愧还不能在百业凋敝后充分抚恤，游览观赏正赶上刚开始耕种庄稼。最近听说有背负襁褓中的婴儿回归的瑶僮各族人，不要认为此处陋僻，不可居住。

劳矣田人莫远迎，疮痍未定犬犹惊。燹余破屋须先缉，雨后荒畬莫废耕。归喜逃亡来负襁，贫怜繻绔缀旗旌。圣朝恩泽宽如海，甑鲋盆鱼纵尔生。

译文

有劳田家人，请不要远来迎接，百姓的疾苦还没有抚平，狗都仍担惊受怕，烧坏的房屋须要重新修葺，雨后荒芜的田地要及时耕种。欣喜逃亡的人带着孩子回归家园，怜惜众人用织物补缀旌旗。皇上的恩泽有如大海般宽阔，生存在锅盆河中的鱼儿，自由生长。

往岁破桶冈宗舜祖世麟老宣慰实来督兵今兹思田之役乃随父致仕宣慰明辅来从事目击其父子孙三世皆以忠孝相承相尚也诗以嘉之

宣慰彭明辅，忠勤晚益敦。归师当五月，冒暑净蛮氛。九霄虽已老，报国意犹勤。五月冲炎暑，回军立战勋。

译文

宣慰彭明辅，忠诚勤勉，晚年愈加敦厚。班师正当五月，冒着炎暑，清扫了蛮敌的气焰。虽然年纪大了，但是报效国家的意愿仍恳切。五月冒着炎暑，回师立下战功。

爱尔彭宗舜，少年多战功。从亲心已孝，报国意尤忠。

译文

喜爱彭宗舜，少年便立下许多战功。侍奉父母心已经尽孝，报效国家的心意尤为忠诚。

题甘泉居

我闻甘泉居，近连菊坡麓。十年劳梦思，今来快心目。徘徊欲移家，山南尚堪屋。渴饮甘泉泉，饥餐菊坡菊。行看罗浮云，此心聊复足。

译文

我听说甘泉居，与菊坡的山麓临近相连，十年来常在梦中思念，今日来游览心中眼前都感到快意。犹豫着想搬家，山南面还可以建房屋，渴了就喝甘泉的泉水，饿了食菊坡上的菊花。且看罗浮山上的云，我的心又暂且感到满足了。

书泉翁壁

我祖死国事，肇禋在增城。荒祠幸新复，适来奉初蒸。亦有兄弟好，念言思一寻。苍苍蒹葭色，宛隔环瀛深。入门散图史，想见抱膝吟。贤郎敬父执，童仆意相亲。病躯不遑宿，留诗慰殷勤。落落千百载，人生几知音。道通著形迹，期无负初心。

译文

我的祖先为国事而死，人们在增城开始祭祀他。曾荒芜的祠庙有幸重新修复，我来时正赶上首次举行蒸祭，也有兄弟交情甚好，听说此言想要探寻一番。祠堂是灰白的蒹葭色，宛如隔着环绕幽深的瀛洲。进入房门翻开图籍历史，可以想见当年先祖抱膝吟诵的情形。贤郎敬重父辈，童仆心意相亲。病体不敢安宿，留下诗作宽慰殷勤之意，千百年来，人生中有几个知音？修道通达，形迹显明，期望不辜负初衷。